轻学术文库
既严肃严谨又轻松好看的学术书

成为更理性的人

中国史的庙堂和江湖

施展 著

海南出版社
·海口·

图书在版编目（CIP）数据

中国史的庙堂和江湖/施展著.--海口：海南出版社，2024.7.--（成为更理性的人）.--ISBN 978-7-5730-1657-7

Ⅰ.K209

中国国家版本馆CIP数据核字第2024BQ3066号

成为更理性的人：中国史的庙堂和江湖
CHENGWEI GENG LIXING DE REN: ZHONGGUOSHI DE MIAOTANG HE JIANGHU

作　　者	施　展
责任编辑	徐雁晖　项　楠　刘兴华　宋佳明　陈淑芸　胡守景
执行编辑	戴慧汝
特约编辑	刘笑月　王　偲　丁　虹　沈　骏
特约策划	齐　群　仇　悦
封面设计	陈　晨
印刷装订	三河市中晟雅豪印务有限公司
项目统筹	吕　航
策　　划	读客文化　爱道思人文学社
版　　权	读客文化
出版发行	海南出版社
地　　址	海口市金盘开发区建设三横路2号
邮　　编	570216
编辑电话	0898-66822026
网　　址	http://www.hncbs.cn
开　　本	880毫米×1230毫米 1/32
印　　张	7.75
字　　数	145千
版　　次	2024年7月第1版
印　　次	2024年7月第1次印刷
书　　号	ISBN 978-7-5730-1657-7
定　　价	59.90元

如有印刷、装订质量问题，请致电010-87681002（免费更换，邮寄到付）

版权所有，侵权必究

目 录

引 论　历史就是"认识你自己"　　001

王霸第一　　019
　一、"天命"的起点　　024
　二、礼乐的"直觉"　　029
　三、"道统"的觉醒　　035
　四、"大一统"的杂糅　　043

庙堂第二　　055
　一、封禅与家礼　　058
　二、经与史　　067
　三、佛与道　　074

士林第三　　089
　一、"士"的诞生　　093
　二、家学到门阀　　097
　三、走向科举　　103
　四、回到儒林　　108

方域第四　　　　　　　　　117
　一、草原　　　　　　　　122
　二、西域　　　　　　　　127
　三、雪域　　　　　　　　133
　四、关外　　　　　　　　140
　五、海洋　　　　　　　　145

兵戎第五　　　　　　　　153
　一、礼乐征伐　　　　　　158
　二、内外轻重　　　　　　162
　三、勋贵集团　　　　　　171
　四、征服王朝　　　　　　178

食货第六　　　　　　　　187
　一、田制　　　　　　　　191
　二、税制　　　　　　　　199
　三、货币　　　　　　　　207

江湖第七　　　　　　　　217
　一、游侠　　　　　　　　221
　二、流民　　　　　　　　227
　三、会教　　　　　　　　231

自　叙　　　　　　　　　241

引　论
历史就是"认识你自己"

引　论　历史就是"认识你自己"

一

近年来，中国掀起了一股历史热浪，其中既有对中国历史的关注，也有对世界历史的渴求。我们既要探索最早的中国，讨论早期文明的起源，来确证中华文明自古以来绵延不绝，又要从周边看中国，化熟悉为陌生，考察中国在整个东亚地区多民族互动中的历史位置。在前所未有的历史变局中，中国也前所未有地与世界紧密融合，我们同样好奇西方文明如何看待中国，于是有了"剑桥中国史""哈佛中国史""讲谈社·中国的历史"等海外中国史书系的热卖。

实际上，整个国家范围的"历史热"并非只出现在中国。大革命后的法国人热衷于撰写世界历史，研究法兰西与罗马、法兰克和中世纪的关系；统一前后的德意志人热爱钻研罗马和日耳曼人的历史；殖民扩张时期的英国和冷战时期的美利坚则将自己的人类学家派往世界各地，考察世界诸文明的"自然史"。任何一个迅猛崛起的大国，在崛起后往往会陷入迷茫，因为它的崛起本身就已经是重大历史变迁，它从前习惯的参照系已经失效，基于这个参照系所设定的自我认知和国家目标也都失效。这个国家无法再说清自己是谁，无法再说清自己想要什么，无法再说清自己与世界的关系是什么。此时，它就会陷入深刻的身份焦虑，懵懵懂懂地走到了没有路标的十字路口，不知何去何从。

回溯历史就是重建参照系的重要途径。在这里，"历史"并不是简单的"过去发生的事"，因为任何回溯历史的人都未曾亲临历史现场。我们只能利用自己的历史意识，根据流传下来的历史材料——文献、遗迹、实物，去重新讲述"历史"。在这里，"历史意识"永远是特殊的，服务于特定时空中人的困惑，而"历史材料"则永远是残缺的、片断的。因此，每个人讲述的"历史"都真的只是故事，一段回答当下困惑的"故事"。

在这个意义上，当下诸多看起来颇有学术意义的中国历史研究，实际上大部分是在浇研究者心中块垒。正如葛兆光先生所论，21世纪很多强调中国"天下大同"的"天下主义"研究者，实际上是意图用"天下"突破现行国际秩序，"天下"就变成了"伪装成世界主义的民族主义"；还有人强调中国不能被西方的"民族国家"概念所定义，它更应是一种"文明国家"，在这里，"文明"不仅具有超越"民族"之用意，更是在潜意识里宣扬21世纪的"中国特殊论",意图让崛起的中国超越现行世界体系,而这个体系却正是崛起的必要条件。

那么,什么是中国的"历史"?

它是中国人的精神所系。二十四史是延续两千余年、不断被历代史家诉说的"历史记忆",它们构成了中华文明的精神内核。历史记忆所及之处就是中华文明的空间范围,历史记忆的起点与终点就是中华文明的时间范围,历史记忆被讲述的方式就是一个文明看待自己和世界的方式。一部二十四史终究不是对史实纯然客观的记录,而是一种基于史事不断展演的文明精神。

但文明不是悬浮在真空之中的概念,它是一个个鲜活的人参与其中的生活秩序。在漫长的历史中,形形色色的人来往于东亚大地,他们虽然血缘不同、语言各异,但最终融合为一个整体。在剧变的20世纪,他们被称为"中华民族"。

二

要而言之,中华民族的精神展演,或者说中国的历史,可以分为三个部分:神圣与世俗区分的秩序观念,这种秩序观念下关于现实的各类知识,以及维持这个秩序观念的统治技术。

"国之大事,在祀与戎。"(《左传·成公十三年》)考古学和人类学的研究表明，世界各地步入初民社会后，人们脑海中最先出现的是一种秩序观念。这种秩序观念的出现基于人们对神圣和世俗的区分：神圣与低俗，光明与黑暗，洁净与肮脏。二分法是最简单的意识，同时也能构建起最简单有效的秩序。"祀"是人与神圣性对象构成的关系，它演变成祭司群体和最初的宗教；"戎"是征服事功，一个族群信奉的神圣性对象是否管用，反映在现实中就是这个族群的征服范围，它演变为军事首领和最初的国家。

中华文明将最初的神圣性对象投射到"天"与"地"这两个最直观的自然存在上。无论是《尚书》所云"绝地天通"，还是出现于东汉末的"盘古开天地"的神话，都直指中华文明最初的秩序来源，即区分了"天"与"地"。于是我们有了最具基础秩序的观念范畴：天覆地载、天生地养、天父地母、皇天后土、天阳地阴……这些秩序的观念投射到社会现实中，就规定了从性别到家庭、从生产到朝堂的人们日常生活的秩序。

中华文明中的神圣性担纲者就是"皇天上帝"，投射到现实中就是承担天命的"天子"："天子者，与天地参，故德配天地，兼利万物，与日月并明，明照四海而不遗微小。"（《礼记·经解》）所谓"葛伯不祀，汤始伐之"（《史记·殷本纪》），"有周不显，帝命不时。文王陟降，在帝左右"（《诗经·大雅·文王》），理想中上古三代的开国帝王，都以受命于天自居，行杀伐之权，开创新朝，成为天子。

中华文明的"天命"观历经殷周之变和周秦之变，在"祀"与"戎"之间转了一圈。

商周时期，"天命"的重点在"祀"，军事征服只是维护祭祀秩序的必要手段。二者的差异仅在于商人相信"天命玄鸟，降而生商"（《诗经·商颂·玄鸟》），"天命"的神圣秩序只限于商族自身；而周人则认为"天视自我民视，天听自我民听。百姓有过，在予一人"（《尚书·泰誓》），所谓"溥天之下，莫非王土；率土之滨，莫非王臣"（《诗经·小雅·北山》）。周人开展了一场精神革命，"天子"因此成为天下共主，而非特定的祭祀族群，这让"天命"秩序拥有了普遍性，周人实现了中华文明精神上的"大一统"。

秦汉之后，"天命"的重点在"戎"，大一统王朝本身就是天命在人间的最佳代表。春秋战国的乱象重新激发人们去思考天命唯一的形态。秦王嬴政称"皇帝"，在于"德兼三皇，功过五帝"，而在这里一统天下之"功"显然要重于承接天命之"德"。全新的统一形态与全新的统治技术结合起来，天下郡县、编户齐民、同文同轨、严明律法，中华文明从精神大一统走向了实质大一统。"王侯将相宁有种乎"的呼喊更使"天命"脱离了特定的阶层与身份，唯有大一统的事功才能确证天命所归。

从"天命"到大一统的神圣秩序催生了中华文明最重要的知

识：解决神圣与权力关系的正统论，描绘文明空间的畿服论和华夷论，构筑社会基础的纲常论。

正统论是中华文明约束政治暴力的底线，历代王朝绝大多数的开国君主都要经历铁与血的征伐。权谋和残忍是权力必不可少的添加剂；但天命与正统，则要求登大位者举行祭天受禅之礼，才能获得权力的正当性。倘若不行此礼，则登大位者无法宣称承受天命，势必"名不正，言不顺，事不成"。正是在一次次看似暗弱的无奈当中，天命与正统反将自己一步步深植于中华文明的灵魂当中。在这个过程中，能够主导正统解释的并非天子，而是先师门生。如此一来，正统之中的道统与法统分离，法统归于天子，道统起自圣人。道统以天道之流转有常，规范着终归沦于尘土的王侯将相。这看似脆弱实则强韧的道统绵延数千年，演绎着中华文明的精神史。天子则凭王侯将相之拱卫，以法统之在握，主张自己是天命所归。然天命无常，"靡不有初，鲜克有终"，一个王朝的法统百年之后灰飞烟灭，新的法统又会崛起，演绎着文明的政治史。

畿服论是中华文明对理想国家的空间想象。周人奠定的封建与宗法制度将封建等级、文明等级和空间等级合而为一。《尚书·禹贡》根据现实的地理空间将天下划分为九州，同时又将整个地理空间区分为六等：以王畿为中心，向四周每五百里为一服，分别是甸、侯、绥、要、荒五服，像水波一样呈同心圆状向外散开。《周礼·秋官·大行人》描绘了每一服的诸侯朝贡频次、贡品种类：依照侯、甸、男、采、卫、要的顺序，每服的贡期分别为一年、两年、三年、四年、五年和六年，贡物分别为祀物、嫔物、器物、服物、材物和货物；九州之外称为"藩国"，一世只需入贡一次。《国语·周语》则云："先王之制，邦内甸服，邦外侯服，侯卫宾服，蛮夷要服，戎狄荒服。"在这样一个同心圆结构中，天子居中，是为王畿。由内而外，封建等级逐次降低，文明层级逐次降低，空间距离逐次增加。越靠近王畿，封建爵位越高，朝贡义务越重，贡品档次越高，朝贡频次越高，同时也越是文明的中心。荒服边远之地不属于文明覆盖之处，此地之人已是化外野人，朝贡关系也就可有可无。在这里，文明程度与空间距离和政治体制有关，并不附着于特定血统身份。

这种空间的结构化想象，直接影响了后世大一统王朝的行政区划及其与域外民族交往的规则。汉代的十三州，名称和大致范围直接取自《禹贡》九州。时至今日，从河北省的简称"冀"和徐州、扬州、荆州、武威市凉州区等地名中，仍能看到九州的遗存。朝贡体制作为中原王朝对外交往的基本模式，一直持续到晚清。朱元璋确立了十五个"不征之国"，基于此建立了东亚朝贡体系，我们能从中看出明朝仍然在忠实地复刻两千年前三代的空间设定。这种同心圆式的政治-文明-空间结构，以中央王朝的军事力量作为后盾，一旦中央王朝的武力无法维持这样的空间结构，要么中央王朝本身就变得虚伪，要么就需要新的思想重新确立空间秩序。

"华夷之辨"正是中央王朝在孱弱状态下产生的一种精神辩护。宋明两个汉人中央王朝一直面临强大的草原民族政权带来的边疆压力。澶渊之盟后，辽、宋为兄弟之国；绍兴和议之后，宋、金为叔侄之国；土木之变后明朝再也未能有效统治长城之外，更何况元、清两个边疆民族王朝版图前所未有地辽阔。大一统的事功与中心文明的骄傲长期错位，使畿服论的同心圆模式堕入虚拟的二元对立：中原与草原、文明与野蛮、正统与闰位。只有无法逾越的对立鸿沟，才能让现实中处于弱势的中原王朝获得精神安慰。末世儒生颠倒了华夷与文明的因果关系，他们并不认为文明程度是判断华夷的标准，相反华夷的血统差异才是文明与否的标志。于是明初方孝孺会说："如夷狄入主中国，是率天下人为禽兽也。"反倒是雍正在《大义觉迷录》中重新召唤三代本意："尽人伦则谓人，灭天理则谓禽兽，非可因华夷而区别人禽也。""九州四海之广，中华处百分之一，其处东西南朔，同在天覆地载之中者，即是一理一气，岂中华与夷狄有两个天地乎！"

那么，这种承担天命、超越族裔的文明内核是什么？陈寅恪先生在《王观堂先生挽词并序》中写道："吾中国文化之定义，具于《白虎通》三纲六纪之说，其意义为抽象理想最高之境，犹希腊柏拉图之所谓Eidos者。"从周初的天命观奠定圣俗秩序，到汉章帝于白虎观召集群儒统一经义，中华文明历经千年才将粗糙的圣俗二分秩序精细化地描摹为对现实人伦关系的崇拜。天命、宗法分封、礼乐制度，一系列复杂的规定最终都汇聚在君臣、父子、夫妇这些与日常生活最切近的纲纪伦理上。庄子有云："六合之外，圣人存而不论。"在百家争鸣的轴心时代，中华文明就将根基锚定于对内的求索，而非对外的好奇。

这个后果就是中华文明对稳定的人际关系的执着。脱离人际关系结构，孤身一人是无法实践三纲六纪的，所以儒家自然无法想象荒岛上鲁滨孙的精神世界。中华文明中的这种人际关系结构，需要其中的个体都处在相对稳定的定居生活状态中，所谓"父母在，不远游，游必有方"。倘若个体有高度的流动性，父母兄弟常常彼此不知对方所在，则纲常伦理也难以展开。定居的生活状态需要农耕的生产方式，而农耕有一个硬性的自然约束条件，就是400毫米等降水量线。如果一个地区的年降水量少于400毫米，人们就无法依靠农耕的方式谋生。于是，文明的物质自然边界与精神观念的同心圆式的普遍主义取向产生了矛盾。华夷之辨固然能将文明的物质边界和精神边界统一起来，但由此也就失去了普遍主义文明应有的气度和活力。

所以，吴三桂"冲冠一怒为红颜"引清军入关固然是历史的偶然，但是由山海关外满族人建立的清王朝稳定统治了长城内外、青藏、西域，实现了前所未有的"大一统"，却也有着某种历史的必然。

三

在世界诸文明历史中，秩序观念和系统性知识无疑是文明之花，但对于历史进程来说，它们只起到扳道器的作用——能指引方向，但不提供动力。历史演进的基础动力乃是各个文明地区的自然和人文地理条件：气候、地形、土壤直接决定了一个地区的物产丰盈程度和产业发展方向，进而间接地影响了一个地区的社会结构分化程度；山谷、隘口、河流直接制约着人们的行动路线，进而间接地决定了道路、集镇的分布；人类聚落的大小、分布密度，以及人类的语言、信仰，往往还影响着超越血缘群体的社会组织或政治组织的形态。

文明的秩序观念和系统性知识与上述这些现实的自然、人文地理条件之间互动的纽带，就是政权的统治技术：军事-财政体制。这种广义上的军事-财政体制的差异，正是历史上不同文明间政治实践形态各异的物质基础。这条"纽带"的具体内容可以简单地总结为：如果特定地理区域有足够大的军事-财政资源可供汲取，那么一旦这个区域政权的资源汲取成本降低到某个临界点，使得它对于其他地区具备优势，逐渐成长为征伐四方的中央政权，并最终对地方性的反抗力量具备了碾压性优势，大一统的趋势也就不可逆转了。大规模的资源池与低成本的汲取能力，这两个条件缺一不可。如果二者兼备，哪怕一个大一统结束了，取代它的也不会是大分裂，而是下一个大一统。

按照这个解释机制，我们会发现，世界各主要地区几乎在其文明萌芽的那一刻，命运就已经注定。

对欧洲来说，古代希腊、罗马文明的诞生地——巴尔干半岛和亚平宁半岛，地形都过于破碎，高山和丘陵的分割让这里缺乏成片的大规模的农业产区，所以古代希腊、罗马的政治形态最早都是众多小型城邦。而越过阿尔卑斯山脉，从巴黎盆地一直到波德平原，这块平坦的地区气候寒冷、阴暗、潮湿，注定其物产并不丰富，人口密集度不会太高。在中世纪以前，这里一直是蛮族的乐园，罗马人绝少涉足。实际上，在欧洲文明诞生之初，希腊和罗马的粮食问题大部分是靠地中海东南岸的埃及尼罗河三角洲解决。这也造就了地中海地区自古以来高度发达的航海贸易。我们现在常常将蓝色、海洋和商贸联系在一起，并将之视为古代希腊文明的基因，但实际上这只是地理条件硬约束下的自然选择。罗马共和国凭借特有的军事组织技术，弥补了经济区过于破碎的缺憾，最终将地中海收入囊中。但随即整个帝国的经济天平就倾向了尼罗河三角洲与地中海东岸，这为日后西罗马灭亡、东罗马苟延残喘埋下了种子。

中世纪，日耳曼人的加入让欧洲文明的版图向北推进不少。然而随着世界进入小冰期，过高的纬度和比罗马帝国更寒冷的气温进一步限制了农业产出。纵使是相对温润的普罗旺斯与亚平宁半岛，也无法生产出足够的粮食以支撑起普遍帝国的大一统，更遑论北方德意志到波兰的中欧大平原。此时欧洲的财富积累主要有两个途径。第一是战争，欧洲内部封建领主之间的兼并受到军事财政与社会观念的软硬约束，性价比并不高，而近东的异教徒和同宗兄弟是很好的掠夺对象，前四次十字军东征让西欧大小领主们多少都有所斩获。然而短暂的战争并不能带来持久的盈利。第二是封建体系之外的商贸联盟。威尼斯和热那亚控制了地中海从近东与尼罗河三角洲到西欧的贸易，汉萨同盟则从阿尔卑斯山一路延伸到斯堪的纳维亚，覆盖了波罗的海与北海周边的城邦。商人们用金钱赎买下市镇的自治权，领主们也乐于为这些城市提供保护并在其中融资。一个脱离了自然条件限制的经济形态将成长为一个全新的文明，不过这是后话。

印度文明在自然地理条件上看起来要比欧洲优渥得多：西有印度河平原，东有恒河平原，水量充沛，地势平坦，盛产水稻。由此看来，印度拥有条件非常好的基本经济区。然而基本经济区若想转换为统治能力，还需要其他条件：只有资源汲取成本低于一定限度，一个地区才能成为政治集团的基本经济区，为全国性战争提供资源，即物产只有经由特定的社会渠道被汲取出来，才能成为资源。尽管印度有着优渥的自然条件，但是汲取效率却因印度教的卡斯特制度（caste，阶序、种姓，一般所谓"四大种姓"并不确切）大打折扣。雅利安人的征服带来了种族、职业和社会地位三位一体的卡斯特制度，这一制度一方面确保人口数量处于劣势的他们能够稳定且低成本地维持统治，另一方面也保护了低阶序的被征服者免遭上层任意压榨，尽管他们世世代代只能从事耕种、疏通厕所、屠宰之类的行当。这也就意味着，尽管恒河流域的水稻产区能提供远远多于可动员军队的粮食，主政者想超越卡斯特制度，大规模动员平民加入军队，在社会观念上也是很困难的事。所以我们看到，印度的四个重要传统帝国有的在社会观念上努力破除印度教的卡斯特制度，有的完全是外族入侵而建立的。摩揭陀国的阿育王崇佛与幻日王建那烂陀寺是为了实现前者，信仰佛教的贵霜帝国和信仰伊斯兰教的莫卧儿帝国则是兼而有之。

中国的自然地理条件同样优越：关中盆地、河东—汾水谷地、北方平原、江淮平原、江汉平原、四川盆地、环太湖平原，这些地方的物产都足够丰富，足以支撑起一支强有力的军队，而哪个地区能成为帝业之基全看这个地方的社会工程建设程度。西周的封建与宗法制度奠定了一整套具有普遍性的政治与社会准则，它基于血缘宗法，将土地和人民不断分割，构成了一个层级繁复的政治-社会体系。和所有阶层社会的特点一样，这一套体制的资源汲取效率不高，但社会活力较大。然而到了战国时期，列国你死我活的争斗不断提高主政者对于社会资源汲取的需求，诸子百家则顺势提出了各种各样的社会工程方案。实践检验真理，二百余年足够不同的社会工程方案付诸实践，竞争出结果。

商鞅给秦国带来了一整套完全不同于封建与宗法制的社会改造方案：树立王权的最高权威，打击中层贵族势力，任命只听从王权的官吏管理国家，国家基层政权渗透到户，税收、兵役、劳役直接控制到个人，鼓励生育和分家，阻止一切可能和中央王权争夺资源的社会团体萌芽。变法将秦国的核心地区关中改造成了一个巨大的战争机器，这里兵农一体，人们随时等待秦王的出征指示，敌人的头颅就是军功封爵的唯一标准，所以秦国被关东各国称为"虎狼之国"。商鞅的社会工程改造没有明确的价值目标，一切都是为了最高效地汲取社会资源，而这种力量被用在哪里，达成什么目的，则全看秦王的喜好。最终，秦政突破了社会资源汲取成本的临界点，关中盆地也注定成为大一统帝国的基地。如果说秦始皇一统天下，主要还是因为祖宗们的历史行程而非他个人的奋斗，那么楚地沛人刘邦入关中而王天下则更能说明这个问题。此后中国进入新的历史阶段，"秦政"作为一套政治-社会体系并没有随着秦王朝的覆灭而飘散，而是成为大一统帝国最本质的技术幽灵飘荡在东亚上空，被不同的主政者应用于其他地方——汉、唐的关中与关东，宋、明的江南，辽、金、元、清的北方——不论这些主政者是来自农耕的中原、游牧的草原，还是来自渔猎的森林。

在这样的历史比较中，我们可以根据不同文明的形态开展类型学划分。形态类型学虽然不能解释问题，但它是分析问题最切近的道路。因为文明的不同形态意味着不同的历史逻辑，而不同的历史逻辑会使我们切入的侧重点不一样。在缺乏大一统传统的地区，其政治秩序的形态大多是小邦林立，那么分析起点就是外部国际关系，因为在小邦林立的状况下，外部国际关系构成了任何一个小邦内部秩序展开的根本约束条件。而在有着长期大一统政治传统的地区，其政治秩序的形态大多是唯一的普遍性至高权力，那么分析的起点则是这个至高权力自身，因为这个至高权力的形成历史与形态结构，集中涵括了这个文明的时空特质。

但至高权力并不是全部。中华文明覆盖的地理疆域幅员辽阔，人群复杂，文化多样，大一统秩序之下是丰富多元的社会现实。应劭云："为政之要，辨风正俗，最其上也。"要而言之，中国历史演变本身就是文明的观念秩序和自然、社会现实不断磨合的过程。在这个过程中，最显著的表象和最深层的本质同样重要。

想象一下，假如一个对中国一无所知的外星生物，或者好奇的旅行家，第一天来到中国这片土地，他会关注到中华文明中的哪些特质？这些特质就是我们叙述中国历史的主要对象。

王霸第一

宣帝作色曰:"汉家自有制度,本以霸王道杂之,奈何纯任德教,用周政乎!"

——《汉书·元帝纪》

王霸第一

世界各地由史前文化阶段迈入文明社会的一个重要标志，就是有意识地讲述本群体的历史。初民社会历史讲述的最大特点就是用神圣性秩序的言说替代现实事件的记录，后世称之为神话与历史杂糅的状态。古埃及有尼罗河诸城邦的创世神话，古希腊有讲述《神谱》的赫西奥德，希伯来有讲述创世和大洪水的神话，古代中国有圣贤帝王的神话。在后世严谨的历史学家看来，神话由于过于缥缈荒诞而不被视为信史。但是在人类学家看来，神话蕴含着不同文明社会秩序最根底的密码。

古典人类学家詹姆斯·乔治·弗雷泽（James George Frazer）指出，在文明早期，人类社会普遍存在着"神圣王权"的现象，即政治统治者（王）同时扮演着宗教性角色，他要么本身就是"神"，要么是祭司或者巫师。神王既要实现现实的政治统治，同时又要通过一系列巫术或宗教仪轨来保证整个群体物质生产的丰裕以及群体成员的健康和繁衍。尽管他的研究在后来被多方修正,但"神圣王权"仍然是理解人类社会秩序起点绕不过去的框架。

中国上古有关"神圣王权"的传说与其他文明比较起来,有两个显著特点:第一,是现实中的"圣王"而不是神制定了人类文明的基础规则,而"圣王"又是后来作为政治典范的夏、商、周三代的祖先,因此基于血缘的祖先崇拜是中国"神圣王权"中神圣性一面最为重要的表达,而超越性的巫术或者宗教的内容显著少于其他文明;第二,中国"神圣王权"中,神圣性一面的执行者是史官群体而非宗教祭司或者巫师,或者毋宁说在相当长的时间内,巫、祝、卜、史四者往往是一回事,还没有被区分得那么清楚。所以担纲起神圣性对王权的制约这一任务的一开始就主要是关于人际现实的知识体系,而非关于外在世界的知识体系。

随着人类文明的成长,"神圣王权"逐渐分化,"王权"逐渐从神话中解放出来,独立为具有自身运作逻辑的"政治"体系;神圣性面相逐渐退隐,或残存为口头神话传说,或转变为具体的宗教组织或祭司个人。中国也不例外。春秋战国之际"礼崩乐坏",诸子百家都在探索如何在列国的军事-财政竞争中脱颖而出,他们关于"政治"的技术和言说也日臻成熟。后世儒家将这一时期快速富国强兵、发动战争的策略称为"霸道",而将继承了圣王和祖先崇拜的三代之制称为"王道"。由于传世文献大多是关于周代政制的,后世儒家也以周代先王为政治典范,故而

"王道"也被称为"周政"。秦国采用商鞅变法,对周政的摒弃最为彻底,其战争过程极为残暴,却最终有效地统一了诸夏,于是"霸道"也和"秦政"紧密相连。

在西欧,"神圣王权"在演进过程中遇到一个历史偶然事件:西罗马帝国陷落。这造成该地区社会秩序的真空。基督教会在西欧重建社会秩序,然后才有一系列"蛮族"政权的建立,此后宗教成为制约政治最重要的力量。对比来看,中国传统政治在运转过程中受到的制约始终来自内部,缺乏来自外部的非政治因素。亦即儒家士大夫秉持着"王道"的系统性知识,进入政权成为官僚,制约着君主个人的"霸道"取向,以免君主过度汲取百姓,引发治理灾难。

任何异文明的旅行者初次接触中国历史,都觉察到王朝周期性轮回的现象。现代学者可能会对王朝的更迭给出一个有机论的解释——任何王朝都像人一样,会有新生、成长、衰退、灭亡的过程。但是回到中国自身的解释框架上,这一现象就是"王道"与"霸道"的阶段性轮替。

所以,关于中国历史的讨论,应先从辨析"王霸"开始。

一、"天命"的起点

20世纪20年代以前，中国人仍然相信三皇五帝是中国历史的起点，帝系的传承标志着中华文明悠久的历史。从燧人氏教人用火，到伏羲氏取法天地，再到神农氏教人耕种，每一项对人类文明进步有重大影响的发明都被归功于一代圣王。黄帝战蚩尤，颛顼平九黎，帝喾选贤任能，尧、舜身行世范，垂拱而治……他们开启了中国历史的黄金时代，成为后世的理想典范。但现代学术重新拨开了上古历史的迷雾，历史学（特别是古史辨派[1]）、考古学（殷墟的发掘）和民族学与人类学（上古民族史）从不同侧

---

1 古史辨派，是以顾颉刚、钱玄同等为代表，在新文化运动以后出现的一个以"疑古辨伪"为论题的史学、经学研究的学术群体。这里"古史"专指上古史，即从传说中的三皇五帝到西周初年的历史。这一群体学术观点庞杂，互相之间也有较多分歧，但共同点是用现代史学的方法检视传统史学，打破人们对于儒家经典的历史性迷信。其代表人物顾颉刚提出了具有代表性的关于"古史"的认识，即"层累地造成的中国古史"：（1）"时代愈后，传说的古史期愈长"，如"周代人心目中最古的人是禹，到孔子时有尧、舜，到战国时有黄帝、神农，到秦有三皇，到汉以后有盘古等"；（2）"时代愈后，传说中的中心人物愈放愈大"，如"舜在孔子时只是一个'无为而治'的圣君，到《尧典》就成了一个'家齐而后国治'的圣人，到孟子时就成了一个孝子的模范了"；（3）"时代愈后，知道的古史愈前"，即越往后的时代，典籍中记载的古史源头越早。这一点并非否定历史，而是强调在面对特定时期的历史文献时，人们"即不能知道某一件事的真确的状况，但可以知道某一件事在传说中的最早的状况"，以及文献产生时人们对于古史的认知。如"我们即不能知道东周时的东周史，也至少能知道战国时的东周史"。

面重新塑造了中国历史,使其有事实依据以供讨论。

后世儒生创造的历史叙述,将三代之治和成汤、文、武视为理想典范。典范并不一定完美,虽然尧、舜、禹的贤君禅让是最好的君王轮替方法,但是"汤武革命"却涉及臣子以下犯上的问题,武力实现政权轮替的行为脱离了三纲六纪的秩序。儒家为之找到了解决办法,也奠定了此后两千余年中国政治的基本规范——"天命"与"王道"。儒家在现实政治之上,增加了一道观念性的约束:虽然君为臣纲,君臣的现实秩序不能被破坏,但天子之上有天命,君王残暴,天命就会转移。臣子替天行道推翻暴君,正是"王道"的体现。这种强有力的政治自觉显然是深度思辨的结果,只有在诸子百家相互争鸣、相互刺激的"轴心时代",人才能创造出如此天才的政治规制方案,从而奠定一个文明未来千年的运作逻辑。但是回到历史现场,"直觉"才是文明曙光时代的基础逻辑。

"国之大事,在祀与戎",中国最早的可确证的神圣王权就是商人建立的商朝。"祀"与"戎",这两个商朝的立国支柱基于族裔的神权统治和接连不断的对外扩张,二者密不可分。成汤的征服之路始于邻居方国葛伯不祭祀上帝,孟子曰:"汤居亳,与葛为邻。葛伯放而不祀,……汤始征,自葛载,十一征而无敌于天下。"(《孟子·滕文公下》)孟子是想以此来说明,只要行王政,纵然杀伐四方也会被民众箪食壶浆迎候,但这种儒家式的解释掩盖了更为可能的实际情况：商人军事征服的动力来自他们强有力的宗教信仰。他们以上帝在凡间的代理人自居，凡有不敬神的都需要讨伐，直至攻灭夏朝。正如《汤誓》所载："予惟闻汝众言，夏氏有罪。予畏上帝，不敢不正。"

武力一直是商朝统治力的晴雨表，商王的标志就是征战中用于指挥和杀敌的铜钺，甚至甲骨文中"王"字的原型就是一柄铜钺。在成汤之孙太甲以后，商朝陷入了不断的动荡之中，商王衰微与商朝中兴交替，商朝更是在中丁至阳甲九王在位期间多次迁都。在内部，商人因王权继承问题分裂内讧；在外部，诸侯、方国乃至东夷部落交相侵扰。直到盘庚迁殷之后商王室才稳定下来，此后直到帝辛（纣王）时期，商朝的统治中心再也没有移动过。商朝中后期，武丁大伐四方，他北克鬼方，南征荆楚，讨伐方国八十一，史称"武丁中兴"。这一时期还有一代女将妇好。但商朝被西方的周人克灭，很大程度上也是因为帝辛常年对东南方的淮夷、徐夷用兵，导致国力大衰。

商人之所以如此迷恋武力，很大程度上是因为内心的信仰焦虑。在商人的精神世界中，世界的运转遵循缥缈的天命，由"帝"神主宰，世间万物皆有神灵，负责勾连起"帝"和世间关系的是已经逝去的商朝历代先王。《诗经·商颂·玄鸟》有云："天命玄鸟，降而生商。……商之先后，受命不殆，在武丁孙子。"商人是世间唯一承载天命的群体，所谓"王司敬民，罔非天胤，典祀无丰于昵"（《尚书·高宗肜日》），现世商王若要向上帝祈祷，只能在卜辞中先召唤历代先王，由先王向上帝转告祈祷的内容。既然说自己是负载天命的独特群体，商人就必须有足够的证据，这就需要足够强大的武力征服来创造事功。如此，商人对上可以向"帝"证明自己不负天命，对下则可以宣称自己将上天的秩序带到世间。

商人这种特殊的精神上的自我期许来自其独特的文化。相比于此前稳定统治中原的夏朝，商人带有强烈的来自东方的异文化属性。考古发掘表明，先商的文化遗存主要分布在今豫东、鲁西南一带，而夏朝的统治中心在今豫西、晋西南地区。商人所信仰的"玄鸟"卵生祖先的族源传说，同样分布于现在的中国东北、朝鲜半岛，以及上古江淮东夷之地。文化形式上，商人的诸多礼仪和生活习惯与今天太平洋岛民有较多共通之处。商人常用狗献祭风、日、四方，狗在后世祭祀中几乎不作为祭品出现，而直到20世纪，仍可见到台湾地区的高山族人、西南的苗瑶族人、太平洋岛民用狗来献祭。"钺"这种象征商朝王权的兵器，也广泛存在于浙江、广西的新石器时代考古遗存，以及美拉尼西亚和印度尼西亚群岛居民的日常生活中。

由此观之，商汤代夏并非如后世儒生所描述的只是有道伐无道的中央政权轮替，考虑到地域、文化的因素，这更是一次中原地区东方部族对西方部族的征服。商人从一个异文化的东方部族成了中原的征服者，更证明其自身是被"帝"眷顾的负有天命的独特族群，可以代天牧民。在这种独特的天命观和自我期许下，商人的对外征伐同时也有着浓厚的宗教意味。商人长期与"羌人"作战，且不同学者均考证"羌方"的所在地主要是今豫西、晋南地区——这里正是有夏一代的故土，因此"羌人"更可能是商人对西方所有"非我族类"的人群的通称。"羌方"是商王田猎的地域，"羌人"是向上帝献祭的猎物。不论是妇好墓中青铜甗盛着煮熟的人头，还是帝辛将伯邑考烹为肉羹送给周文王的记载，都透露出这种天命信仰观念背后的血腥。

　　商人这种独特的天命观和自我期许能够稳定地维持下去，有赖于现实统治中的两个条件：一是商人作为一个征服共同体足够团结，能保持较高的战斗力；二是被征服者足够虚弱，不能推翻商人血腥的统治。晚商时期的一系列变化改变了这两个条件：祖甲的祖先祭典革新改变了重视大宗（父子相继）的传统，将先代称王的小宗（兄终弟及）都纳入祭祀范围，每旬循环祭祀。到帝辛时期，商人的祭祀更有"帝祖合一"的倾向，将历代先王视为上帝。这一系列举动虽意在整体提高商朝王室的地位，但也割裂了王室与贵族、国人的联系，削弱了商人作为一个统治共同体的整体性。此外，商人对西部"羌人"的作战，从直接用兵改为以周人为代理人的间接战争，周文王正因此获得"西伯"的称号，并位列三公。这种改变大大节约了商朝统治西方的成本，让帝辛有足够的精力和资源向东对淮夷、徐夷用兵。

王权的膨胀严重破坏了商人内部的团结。帝辛作为一代雄主，将所有矛盾都集中在自己身上——聚敛钱财，荒淫无度，连年用兵，苛待贵族。帝辛的权力看起来最强大的时候，也正是他最脆弱的时候。作为异族人，文王姬昌深知血腥统治给人带来的恐惧，他献地以废炮烙，为诸侯决平纷争，在帝辛开疆拓土时成为商朝实际的内政主理人。到武王姬发时，八百诸侯不期而会于盟津，更多的是对帝辛的武装示威。而此后比干被杀，箕子被囚，微子亡遁，乐师奔周，王室贵族的惨痛遭遇让诸侯一致认为有必要推翻帝辛。牧野之战，前徒倒戈，这意味着帝辛个人的恐怖统治宣告终结，商人建立的统治秩序等待新征服者的审判。

二、礼乐的"直觉"

罗马不是一天建成的，周公的礼乐也不是。

武王征服殷商，看起来顺利无比，但它与成汤讨伐夏桀有着根本区别：成汤率领的商人是一支信仰-军事复合型队伍，因其对天命和上帝的坚定信仰而拥有超强的战斗力，商人不需要和别的部族分享征服果实，只需要等待天命统治的降临；武王率领的则是包括八百诸侯在内的帝辛反对者联盟，周人的武力不足以对抗商朝，否则盟津就是商朝灭亡的终点。成汤是征服者领袖，武王是反对者盟主。

武王在鼎革之际的"仁德"似乎表明，他并非要推翻商朝，只是要匡正纣王的过失。进入殷都后，武王以"上天降休"（天降吉兆）自喻安抚殷民，又"命除道修社，入商宫，朝成汤之庙"（《太平御览·皇王部九·武王》），将宫中美玉、美女分拨给诸侯，释放被囚的箕子，祭奠被杀的比干，用鹿台之财、钜桥之粟赈济贫民，"殷民咸喜"。此后武王并未定都殷地，而是班师镐京。但他把九鼎西迁到洛邑，即使这里在广义上仍属于商人统治范围。武王又让帝辛之子武庚继承宗庙社稷，让姬姓"三监"掌管殷地的武装，这实际上架空了武庚，以周代商只是时间问题。

武王的分封有很强的分享胜利果实的色彩，其方向主要有二：一是自关中东出向北，经河洛至殷商故地，在这里封管、蔡、霍为"三监"以防备商人东山再起；二是自镐京向东南，经今南阳而至淮水，这一地区正是文王"三分天下有其二"（《论语·泰伯》）的地方，太公初封地吕地在今河南南阳，周公鲁国初封地在今河南鲁山，召公燕国初封地在今河南郾城，都主要沿着商人统治核心区的南缘分布。

武王的担心并非没有道理，伐商后不久他即去世，成王即位，周公摄政，主少国疑。武庚并不满足于做空壳的商王，而管叔鲜作为武王最年长的弟弟，在宗法未定之时完全可以依兄终弟及继承周人王位，如今却只能远在东方坐视自己的弟弟周公旦摄政称王。两方一拍即合，于是有了"三监之乱"。同时，与殷人有着文化联系的东夷系各部族——奄、薄姑、淮夷、徐戎——均闻风而动。但是这种临时拼凑起来的联盟难以抵挡周公的军队，毕竟如果武庚重新执掌实权就意味着西方各部族要重新沦为"羌人"，成为商人供奉上帝与先祖的人牲，因此这对周人的军事联盟来说是生死之战。同时，武王伐纣已经表明，商人并非负担特殊天命的部族，他们并没有因被上帝眷顾而不可战胜。

周公东征十分决绝，他一路打到海边，就是为了彻底解决东夷集团对中原西部的威胁。但这巨大的胜利让周人不得不思考此前从未面对过的问题：如何将自关中到大海这么庞大的地理区域整合为一个政治体，让周人的统治足够安稳？为此周公主要做了三件事：建侯卫（第二次分封），营成周（营建洛邑看守殷顽民），制礼乐。前两件事主要是现实政治力量的安排，第三件事则影响了此后两千多年中国历史。

所谓"礼乐制度"，是周人面对前所未有的统治空间做出的秩序安排，这种安排并不意味着它是因周公有着内在的"知识自觉"而被构建出来的。相反，礼乐制度更多是周人"直觉"的反映，这种"直觉"的核心内容就是避免重蹈商人覆辙，正是这种朴素的直觉，构成了中国历史的文明基因。

要而言之，礼乐制度有三个关键部分：信仰革命，长幼嫡庶的宗法制，武装拓殖的分封制。

所谓信仰革命，就是要解决周人代商的正当性问题。小邦周克灭大邑商，大家在观念上还是很难接受这个政治现实的，毕竟商人数百年来都宣称他们是"天胤"，是被上帝眷顾的部族。为了超越商人的"帝"神，周公发扬了商人信仰观念中一个隐秘而模糊的概念——"天"。虽然商人称"天命玄鸟，降而生商"，但是在日常卜辞中，"天"几乎不出现，商人主要向"帝"祷告。可是"帝"只眷顾商族一部，继续沿用商人的信仰势必难以说明周人的政治合法性，也难以整合伐纣联盟的八百诸侯。周公选择高举"天"的信仰，一方面融合"天"与"帝"，说明周人代商的合法性，同时安抚殷地旧民，《尚书·大诰》有云"予惟小子，不敢替上帝命。天休于宁王，兴我小邦周"，在这里"天命"就是"帝命"。另一方面用"天"实现德行的普遍化，让反纣同盟的各路诸侯都能被笼罩在同一片"天命"之下，强调周人代商是因德行而受天命，《尚书·吕刑》有云"惟克天德，自作元命，配享在下"。"天命"从血统限制走向了德行的普遍化，这种普遍化也为后世"天命无常，有德者居之"的观念打下基础。

礼乐的关键是宗法，宗法的核心是嫡长子继承制，以嫡庶长幼确定尊卑秩序。孔子一语道破了周政的关键："君君，臣臣，父父，子子。"（《论语·颜渊》）宗法制度规定了家族继承中的顺序问题，但考虑到周代王廷实行世官世爵制度，宗法制同时也规定了政治上的上下等级秩序。丧礼中的服制区别了横向的亲疏远近、嫡庶长幼，宴饮中的爵制规定了纵向的君臣尊卑。天下之内，周天子为嫡长大宗，王廷中的大臣与各地分封的诸侯自然也能根据血缘关系计算出亲疏远近，政治中的上下秩序也就清晰明白。"家国一体"在周公的安排中并非一种情怀感叹，而是实打实的制度安排。政治秩序需要的是稳定，主观的信仰和客观的暴力都不足以长久维持秩序，周人选择了亲属关系这个与人的群体生活最近、最具确定性的标准。周公的这个安排也是他吸取殷亡的教训的结果：在商人族群内部，王室的继承制度并无严格的宗法规定，凝聚力不强，祖甲的祭祀改革[1]将大宗、小宗等同祭祀，然后"帝祖合一"以神化王室，虽然这提高了王权在商人族

---

1 根据甲骨卜辞，考古学家张光直认为商朝由子姓王族掌握，依据商王庙号的天干，王族分为两组：一组以甲、乙为主，一组以丁为主，两组相互通婚，王位在同组内同辈相传，跨组时向下一代传承。也有学者认为商朝王族按照庙号天干分为十个祭祀群（小家族），根据力量大小大致分为两组（甲乙、戊己，丁、丙、壬癸，庚辛不明），王位必须在不同祭祀群之间传递，同组的祭祀群为同辈传递，不同组的由下一辈继承。王位的传递由王族和其他姓氏贵族共同合议，形成一定的贵族民主制。

祖甲的祭祀改革核心是整合此前王室杂乱无章的各种祭祀，以旬日为单位，按照商王与嫡妻的世次、庙号天干的顺序，用三种祀法祭祀一遍。从商王先祖上甲到祖甲之兄祖庚，共需祭祀九旬。同时，在现实的政治继承中，祖甲确定了嫡子继承制，不仅稳定了王位传承，也变相削弱了异姓贵族对王位继承的影响。

群中的凝聚力,但也割裂了王室与其他商人贵族的联系,直到帝辛众叛亲离;在商人族群外部,王权的有效性全靠血腥的武力来维持,一旦出现周文王这样仁德的权威,王权的外部有效性就会遭到动摇,陷入危机。礼乐和宗法制度编织了一个血亲、姻亲网络,将周天子和王廷大臣、天下诸侯共同笼罩在一个确定的亲属关系中,周天子不再只是周人的王,而是天下的王。"直觉"的礼乐实现了王权的普遍性,中国历史首次实现精神大一统。

分封制是宗法制在地理空间的延伸。周公东征前所未有地扩大了周人的统治范围,但是如何有效地在东方陌生区域实现周人的统治,这是周公要处理的现实问题,于是有了第二次分封。这一次,姜太公的齐国、伯禽的鲁国、召公的燕国从黄河南岸被迁到了东部和北部边陲;杞(大禹之后)、陈(舜之后)、蓟(尧之后)等封国作为先代圣王之后而祭祀不断,以此表达周人对此前政治权威的尊敬;康叔在卫,蔡叔度在蔡,唐叔虞在晋,周王最亲密的家族成员仍围绕在殷故地的北、南、西侧,以实现关东地区的稳定。维护分封制的军事震慑有赖于财政基础,所以井田制与分封制相伴相随。在井田制下,土地依照政治秩序被区分为"国""郊""野"三个部分。"国"是都城,是宗法贵族的所在地;"郊"是随同宗法贵族前来进行武装殖民的国人庶民耕种的土地;"野"则是被征服地的原住民居住与耕种的土地。可耕种的土地被划分为诸多被称作"井"的单元,每个单元内都划分成"井"字状的九块。八家共一井,每家分一块私田,八家共耕一块公田,每三年会重新分配一次土地。公田又称"籍田",每年春耕之际,宗法贵族要祭祀天地,行籍礼;籍田上的收获是贵族的主要收入,同时亦被用于祭祀。宗法制、分封制、礼乐制、井田制,这些制度共同构成了具有伦理意义的统治秩序,只要一个人承认他生存于亲属关系之中,就无法否认这种统治秩序的权威性和有效性。

最终,周公凭借直觉构建的礼乐制度,实现了"溥天之下,莫非王土,率土之滨,莫非王臣",周人的统治虽不直接,却一统。正如李零先生所言,是周人实现了中国第一次大一统,没有周人的大一统,就无法想象秦始皇的大一统。

三、"道统"的觉醒

礼乐制度规定了秩序但不能带来秩序,周天子的权威又来自宗法制中血缘亲情纽带和他掌握的武装力量。而这两个要素共同的敌人就是时间——随着时间的推移,数代继承之后,天子大宗与诸侯小宗之间的亲情关系已经十分淡薄,只剩下宗法规定的上下尊卑;同时关中人口众多,开发较早,分封的诸侯较多,周天子能直接控制的财政、军事资源逐渐被削弱,关东诸侯凭借山川地利，开荒拓野，很容易在实力上反超周天子。

王权衰微首先表现在武力的衰退。周天子的第一次权威危机来源于昭王伐楚，以"南狩"为掩盖的说法和后世胶船的传说都说明中原诸夏的联军难敌势头正猛的楚人。昭王后继者穆王只能通过不断的巡游来提振诸夏对周天子的认同，联楚伐夷则表明周天子放弃了彻底征服楚地的野心，改为用共同征讨徐、淮夷人所得的战利品来实现中原诸夏与楚人的和平共处。

此后历代周天子对恢复先祖号召八百诸侯的荣光念念不忘。但宗法与封建制决定了周天子动员资源的极限，如果周天子想进一步汲取资源并对外征伐，势必要剧烈地改变内部的政治格局。周厉王极力摆脱"世为卿士"的周、召两大政治家族，任用没有根基的荣夷公理财，将山林湖泽变为天子"专利"。为压制国人的不满，厉王任用卫巫监督，国人只得"道路以目"。由此，周厉王陷入同帝辛一样的困境中：为了重振王权而得罪王畿内王室最重要的同盟者——政治大族与王畿平民，周天子反而陷入孤立之中。最终"国人暴动"，厉王逃亡，周、召二家"共和行政"。宣王中兴，驱逐了猃狁、南蛮，重振了王畿附近的秩序，但最终败于姜戎。姜姓的申后显然是周王室安排的政治联姻，这是周幽王即位之初关中地区稳定的保障。周幽王对褒姒的一往情深葬送了这脆弱的政治平衡，导致犬戎与申侯联合埋葬了周天子在关中的统治。

周平王东迁宣告了周天子军事权威的破产，需要军事势力支撑的宗法制的正当性也摇摇欲坠。周天子无力充当诸侯的裁判者，诸侯的纷争也就无法停止，"诸侯强并弱，齐、楚、秦、晋始大"（《史记·周本纪》）。

礼乐秩序崩坏始于小邦郑国。在封建时代，机会主义者和负责任的大家长往往并不互相违背，郑国始封国君郑桓公就是这样的一个人。身为幽王叔父，他只是畿内小诸侯，并不想匡正大侄子的胡作非为，而一直焦虑如何在乱世延续本家。在太史伯的建议下，他贿赂了东方的虢、郐等国，买得洛邑以东、河济以南的十邑作为郑国新的领土，是为"新郑"。平王东迁后，与洛邑的空间距离和与天子的亲缘距离最近的诸侯国就是东边的郑国。"周郑交质"是孱弱的周天子朝廷取得武力庇护的必然之举，却也扰乱了天子与诸侯不可跨越的宗法尊卑秩序。

繻葛之战奠定了春秋时期的精神底色：祝聃一箭射中周桓王肩膀，彻底宣告礼乐制度的破产。郑庄公认为"犯长且难之，况敢陵天子乎"（《史记·郑世家》），保存了礼乐最后的底线和体面。春秋时代，列国就在追求实际的军事权力优势和维护虚伪的礼乐秩序体面之间来回纠结，春秋五霸在这个纠结的光谱上位置各有不同。作为传统悠久的诸侯，齐桓公、晋文公、宋襄公力图以"尊王攘夷"唤醒诸夏的文明共同体记忆，维持周天子作为宗法礼乐正当性象征的地位；秦穆公、楚庄王则是新兴的边疆诸侯，扩展本国势力是他们的根本动力，礼乐只是装饰用的奶油糖霜。秦国是平王东迁后新封的诸侯国，它维持着被西戎攻破的关中地区的基本文明秩序，是华夏文明向西输出的前哨；楚国是南方蛮族华夏化的结果，它有着和诸夏差异很大的文明系统，"问鼎"不是野心诸侯的挑衅，而是来自异文明的问候，毕竟楚国是一个主动称"王"的邦国。

频繁的战争带来了政治秩序和社会秩序的双重动荡。尽管春秋时期战争的意义仍然是维持礼乐秩序，但它带来的人力、物力消耗逐渐让各诸侯国向战争本身妥协——从前是战争服务诸侯，现在是诸侯服务战争。

政治秩序崩溃的表现就是各诸侯国涌现了一批权臣：郑七穆、鲁三桓、晋六卿、齐六贵、楚七公。春秋早期诸侯对周天子做了什么，春秋晚期权臣就对诸侯做了什么。权臣的成长来自新旧两方面的滋养：日益激烈的战争要求诸侯国君有更强的军事动员能力和更有能力的军事将领，但是国君能够利用的组织资源和制度资源只有宗法与封建制。七穆、七公、三桓是宗法制在诸侯国发展的时间结果，诸侯小宗转为公族，担任诸侯宫廷中的世官世卿，在诸侯国内领有自己的封地。当他们和国君的亲缘关系疏远后，就和普通的异姓臣子并无两样，于是周天子的遭遇在各诸侯国重新上演。当然，时间对宗法制的腐蚀并未到此为止，百年之后，各公卿世族又遇到了与周天子、诸侯国君同样的问题，阳货一类的"陪臣执国命"既宣告了宗法制的死亡，也在召唤着新的变革。

六贵、六卿是强力国君成就霸业的遗产。周初的齐国是姜姓集团向东夷地区武装拓殖的前线，姜姓吕氏与其说是国君，不如说是国氏、高氏等同姓氏族集团的带头大哥，整个齐国带有显著的姜姓氏族统治的色彩。数百年间公室几度震荡，全靠国氏、高氏等公族维持稳定，国人也多次参与到国君的废立之中。公室、公族虽宗法观念淡薄，但守卫封土的意识强烈。齐国在各诸侯国中较早有了异姓权臣，在齐桓公霸业的主要功臣管仲、鲍叔牙、隰朋、高傒中，管仲和鲍叔牙都是异姓。齐桓公的主要军事力量就是"连五家之兵"，恰恰说明管、鲍并非后世那种毫无根基的儒家士大夫式的贤臣，相反，他们都是拥有私人武装的次级封建领主。对异姓大臣的欢迎也埋葬了姜齐：田完因陈国内乱奔齐，齐桓公大度收留，甚至一开始就想让他做卿，而最终田氏后人取代姜齐，开启了战国新时代。晋国则走向了另一个极端，随着宗法制衰退，晋国在春秋之初率先出现了"曲沃克晋"这种小宗顶替大宗的事件。晋文公坎坷的流亡经历也是因为他父亲献公在太子选择上出现问题，导致长幼失序，酿成"骊姬之乱"。为了避免骨肉相残，晋文公决定除太子外，国君的其他儿子及兄弟都要迁离晋国。自此"晋无公族"，国君成为"孤家寡人"，卿族壮大。到晋平公后，六卿凌驾于国君之上，共同执政。智、范、中行、赵、魏、韩六家先祖,皆起于晋文公霸业。齐、晋两国在霸业成就时就埋下了消亡的种子。

社会秩序的变革来自创造霸业的现实追求。管仲改革齐政的目标是"富拟于公室",增强公室在诸侯国的主导地位。为此他"叁其国而伍其鄙",着力"成民之事,定民之居"。所谓"叁国伍鄙",就是在公室直接控制的国都和鄙野打破原来基于血缘的家族聚居形态,按照士农工商的职业重新划分基层行政区划,"制五家为轨,轨有长;十轨为里,里有司;四里为连,连有长;十连为乡,乡有良人;三乡一帅"(《管子·小匡》),建立起金字塔式的总体社会组织。居有定所,人有定位,只要每家出一男丁,就能按照这种金字塔式的方式组织起一支军队。这种梭伦和塞尔维乌斯式的改革[1]让齐国率先走出了宗法封建时代。但

---

1 梭伦改革的核心内容是打破雅典城邦内的家族组织,按照财产数量把雅典公民划分为四个等级,依照等级分配军事责任与政治权利:五百桶户(土地年产五百桶农产品以上)和骑士(土地年产三百至五百桶)担任骑兵,有资格出任城邦执政官;套轭人(家有一对可套轭的牲口或土地年产二百至三百桶)担任重甲步兵,可参选四百人会议(城邦日常行政管理机构);雇工(土地年产二百桶以下)担任轻装步兵和舰队桨手,可参与全城邦公民大会。

塞尔维乌斯改革的主要内容是废除罗马城邦原有的三个部落氏族,按照地域原则划分出四个地域部落,管理本地域公民。全体罗马公民按照财产多寡被划分为10万、7.5万、5万、2.5万、1.25万阿司(货币单位)五个等级,每个等级根据财力多寡,需提供数量不等的基础军事单位——百人队。第一等级为98个(18个骑兵、80个重步兵),第二、三、四等级各提供20个(步兵),第五等级提供30个(轻步兵),工匠、号手共提供4个,无产者提供1个,(转下页)

管仲的改革并非像后世商鞅的变法那样彻底，背靠山海之利让管仲能够实现盐铁专营，使公室在田亩税收之外有足够的财富维持军队。而在物产贫乏的关中平原，秦人只能依靠土地生存，商鞅变法的一个重要内容就是刺激秦军，让他们用首级换爵位，用爵位得田产。所以齐桓公凭武力九合诸侯，后世感念其尊攘之功，而秦军只能落得虎狼之师的恶名。

乱世催生圣人，但圣人不能超越时代的限度。轴心时代的"突破"更多是一种"自觉"。礼乐制度的现世取向让中国的"圣人"注定不会是摩西式的先知和上帝代理人，彼岸的缺乏为佛陀降临东土留下空间，然佛在"缘起性空"之外还是留下了《佛说父母恩难报经》。由现世的血缘关系担纲起整体政治秩序是周政的底色，自觉地总结周政并将之独立为知识体系则需要周政失灵的现实和对周政坚信不疑二者的耦合。失灵意味着曾经担纲周政的阶层已经崩溃，只有坚信不疑者才会将作为宗法贵族行为习惯的礼乐抽象为一套知识并继续奉行。鲁国是唯一完整保存

（接上页）总计193个百人队。罗马城邦大会并非像雅典那样实行完全的一人一票"民主制"，而是让公民先按照百人队划分，在队内投票，并用简单多数表决的方法判定该百人队的投票决定，然后再计算193个百人队的投票结果，是为"共和制"。拥有百人队数量最多（超半数）的第一等级显然能比较容易地控制城邦政治。

这两项改革的关键都是用非血缘标准（地域、财产）破除既有的血缘关系，将军事责任与政治权利挂钩，大大增强政治体的军事动员能力。

周礼的诸侯国，孔子又是以教条著称的宋人之后。他出身于没落小宗，父亲早逝，儿时最大的刺激来自季氏陪臣阳虎："季氏飨士，非敢飨子也。"（《史记·孔子世家》）否定"士"的身份无异于社会性谋杀。孔子的过家家游戏就是演习周礼，其中既有孩童的天真偏爱，也有边缘贵族确证自己身份的努力——只有更为严格地学习并执行礼乐，才能维持自己的身份标识。

　　孔子努力学习并守护的东西，在春秋末年的上层宗法贵族中早已是被丢弃的垃圾。此时晋国六卿擅权，公室萎靡；楚国兵强，未绝问鼎之心；齐国乘桓公余烈，有晏婴维持，霸凌不断。鲁国内部先后有三桓与昭公之争、阳虎与季氏之争，公族季氏僭越公室国君，季氏陪臣执掌鲁国国政。在这一背景下，孔子的历史行程也是波折不断：他先追随昭公到齐国，几度为齐景公所用；昭公死后他返鲁，眼见乱政遂不出仕，专修诗书礼乐，教育弟子，成为中国历史上首位私人授课的老师；到五十六岁时，孔子终于以大司寇身份摄行相事，却又遭齐国挑唆以致周游列国，困顿于陈、蔡之间，累累若丧家之狗，直到七十岁才返回故国。孔子用一生的实践实现了周政的自觉——"知其不可而为之"。政治秩序的实现由两部分构成：作为基础的暴力和作为约束的秩序故事。如果单纯只有暴力，权力就会恣意妄为；秩序故事提供了暴力权力可以正常开展的轨道，也就提供了权力的约束。周政的起点就是对殷商血腥暴力的恐惧和反叛，由此建立起来的直觉政治的最大特点就是暴力基础和秩序故事相互配合。直觉的政治走到尽头，就必须由一个在秩序崩溃中还真正相信它的人去重新整理，让这套秩序故事成为不依赖特定实在权力而存在的独立知识体系。

"知其不可而为之"正是孔子对周政的信仰，他最早有意识地整理、提炼了周政的礼乐制度及秩序原则，后世儒者基于此，系统地提出了他们的政治和社会主张。文明成熟的标志就是它步入自觉的阶段，孔子被尊为"万世师表"不在于他的知识，而在于他所总结的政治正当性秩序成为日后两千余年制约暴力和权力任意性的基石，正所谓"天不生仲尼，万古如长夜"。

四、"大一统"的杂糅

大一统既是暴力过程，也是文化过程，二者缺一不可，二者相互配合才能形成稳定的政治秩序，马克斯·韦伯（Max Weber）所谓暴力垄断加正当性等于政治权威是也。进入战国时代，战争从诸侯国的竞争手段演变成竞争目的，各诸侯国展开了一系列理性化的社会工程学建设。直到商鞅变法改造了关中地区，让这一隅之地的军事、财政动员能力远超山东六国，从而奠定了关中在此后长达千年时间里的政治优势，这成为政治大一统的物质基础。赋予大一统精神秩序，使其拥有制约暴力恣意妄为的力量的，则是活跃于山东六国的诸子百家。经历过焚书坑儒、无为而治和汉初儒生整合后，汉儒以博采众长的方式创造了与孔子完全不同的儒家知识体系，完成了文化大一统。此后两千余年时间里，虽然有治乱分合，但中华文明的原则与内核再也没有大的改动。

战国时代与其说是宗法封建时代的尾声，不如说是大一统时代的前奏。诸侯纷纷称王撕下了礼乐的最后一层面纱，露出了赤裸裸的霸业本色。春秋时期的战争虽然频繁，大抵还是维持了宗法与封建制的底线，是有限度的贵族战争，宋襄公这样的耿直之人也被列入"五霸"之中，可见诸侯间仍存有"费厄泼赖"。战国为后世津津乐道的，主要是桂陵之战、长平之战、乐毅伐齐这类你死我活的总体性战争。鸡鸣狗盗、合纵连横、远交近攻，政治人物的行事逻辑再也没有礼乐的规范，一切都具有功利主义倾向。这同时还是一个无赖式的狡黠和贵族式的淳朴并存的时代，所以才会有楚怀王这样让现代人难以理解的悲喜剧发生。

从春秋到战国，各诸侯都经历了从战争为诸侯服务到诸侯为战争服务的转变。从前战争是诸侯争取霸权利益的手段，现在随着战争规模日益扩大，程度日趋剧烈，诸侯国反倒要通过改造自己来适应新的战争环境。百家争鸣很大程度上可以被视为不同国家学说的竞赛，检验真理的就是战争实践。在这里，知识和权力达成了共谋。

百家争鸣的前提是"游士"阶层的出现,所谓"无恒产而有恒心者,惟士为能"(《孟子·梁惠王上》)。连年的战争和日益增长的国君权力大大挤压了边缘贵族的生存空间,没有土地可以继承的小宗分支想要谋生,就只能依靠从小耳濡目染的文化所积累起的资本,将贵族的日常技能转化为各类知识向诸侯国国君推销。苏秦的"且使我有雒阳负郭田二顷,吾岂能佩六国相印乎"(《史记·苏秦列传》)正是历史剧变期游士阶层的内心表白。

后世学界常以"儒法国家"来概括这一时期不同的国家建构取向:"儒"代表了保守的倾向,强调秩序和爱惜民力;"法"则代表着激进的倾向,强调强力控制百姓以汲取更多资源用于战争和治理。这种"理想类型"化的历史理解最终还是回到两条路线斗争贯穿千年的思路上去了。但回到历史场景,我们会发现,战国游士们开启的"百家争鸣"方案多样,而且持续时间也远远超过战国这一历史时期。

司马谈在《论六家要旨》中一语中的:"夫阴阳、儒、墨、名、法、道德,此务为治者也,直所从言之异路,有省不省耳。"诸子百家学说各异,有的踏实务本,有的玄之又玄,但归根结底目标都是一致的——为国家之"治",只是语言表述有差异。

阴阳家以天象地理为基础,演化出四时、五行、八位、二十四节气，形成了一整套复杂严密的术数体系。为后世汉儒倡导的天人感应、术数谶纬，底色就是战国的阴阳家。儒家以六艺为基础，儒生皓首穷经，归根结底是为辨明君臣父子之礼、夫妇长幼之序，基于血缘亲疏远近展开的社会与政治秩序是周政礼乐的核心，也是后世儒家构建政治秩序的基础。墨家留下的多是墨子与公输般的攻守传奇，但其思想精髓是兼爱、非攻之下的"强本节用"，追求的是人人家用充足，这是后世国家理财的原则。法家不论亲疏贵贱，一律严法相加，既能打破儒家那套同心圆式的地方社会结构，又能明确君臣尊卑，是历代帝王整治朝堂的利器。名家专注于名实相符，往往流于强辩，又沿着孔子的"名不正则言不顺"渗透到后世官僚政治行为逻辑之中。道家无为无不为，后世之人常常将之归纳为清静虚空、垂拱而治，实际上诸子时期的道家在实践中强调的是顺势而为，"有法无法，因时为业；有度无度，因物与合"（《史记·太史公自序》），道家不是秩序的开创者，而是秩序的适应者，所以后世正反两派的阴谋家往往有很强的道家色彩。除上述六家之外，还有致力于专门技术的兵家、农家等流派。

　　游士阶层的思想活跃程度和经济实力成正比。从空间上看，诸子百家大多起于山东六国。处于竞争关系的各国国君的朝廷就是游士们的思想市场，范雎与商鞅、苏秦与张仪、韩非与李斯、孙膑与吴起、墨翟与荀卿，无不游走于各国之间，甚至有苏秦

"佩六国相印"的盛况,就连亚圣孟子也要在魏、齐之间苦心经营。魏文侯延请子夏至西河,养成经世之儒;齐国国君用山海之利供养临淄稷下学宫百余年,诸子百家来来往往;春申君任用荀卿为兰陵令,培养出李斯这样的好学生。具体而言,儒家多为鲁人,兵家(司马穰苴、孙武、孙膑、吴起、李悝、庞涓)多为齐人、魏人,道家(老聃、庄周)来自楚地、宋地,法家(管子、商鞅、李斯、韩非)兴于齐而盛于河洛(周、魏、韩),阴阳家(邹衍、邹奭)大多出于富于幻想的齐地。

旺盛的国家竞争需求和充足的知识供给,让战国成为中国历史上几乎唯一的社会工程学大型试验场。最终的胜者将成为大一统的开创者,他所凭依的学说也将深刻地改变周政礼乐塑造的社会体系。

商鞅就踩到了这个点上。

他给秦国带来了一整套完全不同于周政礼乐体系的社会改造方案,这一系列的社会改造被后世称为"秦政",其基本特点为:树立王权的最高权威,打击中层贵族势力,任命只听从王权的官吏管理国家,国家基层政权渗透到户,税收、兵役、劳役直接控制到个人,鼓励生育和分家,阻止一切可能和中央王权争夺资源的社会团体萌芽。变法将秦国的核心地区关中改造成了一个巨大的战争机器,这里兵农一体,关中秦兵随时等待秦王的指示出征,以砍杀首级数量定军功、分田,所以秦国被关东各国称为"虎狼之国"。商鞅的社会工程改造没有明确的价值目标，一切都是为了最高效地汲取社会资源，而这种力量被用在哪里、达成什么目的，则全看秦王的喜好。最终，秦政突破了社会资源汲取成本的临界点，关中盆地也注定成为大一统帝国的基地。如果说秦始皇一统天下，主要还是因为祖宗们的历史行程，而非他个人的奋斗，那么楚地沛人刘邦入关中而王天下则更能说明这个问题。此后中国进入新的历史阶段，"秦政"作为一套政治-社会体系并没有随着秦王朝覆灭而飘散，而是成为大一统帝国最本质的技术幽灵飘荡在东亚上空，被不同的主政者应用于其他地方——汉、唐的关中与关东，宋、明的江南，辽、金、元、清的北方——不论这些主政者来自农耕的中原、游牧的草原，还是来自渔猎的森林。[1]

商鞅的总体性社会体系可以在武力上快速实现大一统，但秦并六国之后要让六国百姓消化这个体系还需要相当长的时间。始皇帝作为一代雄主却等不及，作为一统天下的第一人，他急于留

---

[1] 这三个区域即冀朝鼎在《中国历史上的基本经济区与水利事业的发展》一书中总结的三个"基本经济区"。冀朝鼎认为，一个区域能成为"基本经济区"，前提是有比较好的水利工程建设，从而形成大规模灌溉农业，为占据该地的政治集团征伐全国提供物质资源。从中我们显然能看到德国学者魏特夫（Wittfogel）有关东方"水利社会"论述的影子。

但假如我们把事情颠倒来看，解释也许更加顺畅，即商鞅式的总体性社会改革大大激发了政治体的资源汲取能力，这种力量在和平时用于水利工程建设，在战争时就能转变成军队。因为对古代人来说，劳役和军役差别不大。

下属于自己的历史丰碑：修长城，筑陵寝，建阿房，南击百越，北退匈奴，封禅泰山。

在社会改造尚未深入的山东六国，这种强度的社会管制和资源汲取前所未有，最先揭竿而起的就是最无法忍受的。"楚虽三户，亡秦必楚"（《史记·项羽本纪》），其中更深层的含义是楚国当初在诸国军事财政竞争中走得不远，金字塔式的社会工程建设还没有严重损害基于血缘的宗法封建关系。来自江东的八千子弟并非乌合之众，他们是项羽实实在在的"子弟兵"。同样，田儋、田荣、田横在严酷的秦朝也还保持了地方豪族的形态，这成为他们日后割据为王的基础。与之相对，身为韩国贵族之后的张良因为国家过早原子化，只能招募勇士只身前往博浪沙行刺。

但是新的社会法出现了就不会自动消退，宗法封建贵族的"费厄泼赖"已经成为过去式，无下限的功利主义原则和地方流氓出身的刘邦天然契合。项羽不会轻易放下宗法贵族的骄傲，刘邦则随时准备和任何人交朋友。项羽分封的十八路诸侯虽然在形式上恢复了封建，但其背后依托的宗法血缘社会基础已经相当虚弱，西楚霸王的霸权没有"尊王攘夷"那样聚拢人心的力量，也没有秦法那样严苛的尊卑区分，新的分封只能创造新的争权夺利。最终楚汉相争，项羽自刎于乌江，刘邦笑到了最后。

汉朝的立国态势让汉朝像是一个"缝合怪"：一方面有皇权领导下的郡县，一方面有与山东异姓功臣妥协的封国，秦始皇确立的皇权原则和六国旧制共处在一个时空下。从高祖诛杀异姓王功臣，到武帝实行"推恩令"，皇权确立这一过程前后长达近百年，而其背后更重要的社会改造工程是"汉承秦制"与汉初推行的黄老之术、无为而治的国策。萧何进入关中后首先收入囊中的就是秦朝的律令图书，汉朝从而掌握了秦制的钥匙。汉朝立国后，从基层社会组织到全国赋税制度，无一不继承自秦朝，然而这套此前被视为虎狼的社会汲取技术在黄老之术、无为而治的配合下，经过六十余年的实践，到汉景帝时竟使汉朝出现了百姓安居、国库充盈的双赢局面。道家有云"有法无法，因时为业；有度无度，因物与合"，只要没有大折腾，秦制就能润物细无声地实现社会层面的革命。

在消化秦制的同时，汉家开始直面另一个挑战——北方游牧族群的威胁。农牧关系作为中国历史演化的核心动力机制，就此浮现出来，贯穿此后两千余年。汉朝用和亲和金钱换得了七十年的和平，得以从容消化秦制的严苛与封建的分裂。但面对外部强敌，内部的掣肘始终是隐患，吴楚七国之乱昭示了后世分封制在帝国内部扮演的角色。直到明朝的靖难之役后，这种隐患才被消除。就在汉武帝实行"推恩令"的同年，卫青与李息夺取了河套地区，汉匈之间大规模连年对战开始。直到征和三年（前90年）李广利于漠北全军覆没，汉武帝暂停用兵。这三十七年的时间里"海内虚耗，户口减半"（《汉书·昭帝纪》），汉朝建国以来的财富积累和社会积累被挥霍一空。这里不是说三十七年的时间里因战争死去了半数人口，而是朝廷掌握的直接纳税的编户齐民纷纷破产逃亡，投靠地方豪强，能够直接掌握的户口减半。这种社会汲取压力显然高出秦始皇数倍，但汉朝并未重现秦末的乱象，这既有武帝身后汉廷政策转向的因素，也说明此时中原社会已经全面适应秦制的汲取状态，耐受度远高于秦末。

消化秦制确立皇权的另一项措施就是重新选择治民的逻辑。秦制的严刑峻法和高强度资源汲取被黄老之术大大柔化，然而对雄才大略不输秦始皇的汉武帝来说，这显然束缚了他的手脚。要想激发秦制更高的汲取效率，光让百姓被动接受是不行的，还需要训练他们来适应、迎合这套体制，一旦他们有不符合这套体制的特性，那就是教化不够的结果。什么样的学说既能提供一套宏大的宇宙观为前所未有的大一统增光添彩，又能充分教化百姓，让他们适应全新的体制？以董仲舒和春秋公羊学为代表的汉儒今文经学应时登场。汉儒的今文经学，特别是公羊学，杂糅阴阳、道家等学说，构建起了宏大的宇宙术数体系，用"天人感应"将抽象的大一统秩序落实在皇帝个人身上，既赋予皇权普世的正当性，又限制了皇帝个人的恣意妄为。对下，公羊学强调"以德化民"，穀梁学、左氏学强调"以礼为治"，相互补充，核心是要整齐风俗、教化万民。

由此，秦制中的"霸道"与春秋学中的"王道"相互糅合，奠定了后世大一统王朝基本的治理模式。这种糅合是一个光谱，某个王朝或者某个统治者处在光谱的什么位置，要看具体的历史情境和政治态势。

参考文献

傅斯年. 夷夏东西说 [M]//傅斯年. 民族与古代中国史. 石家庄：河北教育出版社，2002：3-60.

王国维. 殷周制度论 [M]//王国维. 观堂集林（外二种）. 石家庄：河北教育出版社，2001：231-244.

李零. 茫茫禹迹：中国的两次大一统 [M]//李零. 我们的中国：第一编. 北京：生活·读书·新知三联书店，2016.

凌纯声. 中国边疆民族与环太平洋文化 [M]. 台北：联经出版事业公司，1979.

许宏. 东亚青铜潮：前甲骨文时代的千年变局 [M]. 北京：生活·读书·新知三联书店，2021.

杨宽. 西周史 [M]. 上海：上海人民出版社，2003.

杨宽. 战国史 [M]. 上海：上海人民出版社，2003.

杜正胜. 周代城邦 [M]. 台北：联经出版事业公司，1979.

宫崎市定. 中国聚落形态的变迁 [M]. 张学峰, 马云超, 石洋, 译. 上海: 上海古籍出版社, 2018.

张光直. 商文明 [M]. 张良仁, 岳红彬, 丁晓雷, 译. 北京: 生活·读书·新知三联书店, 2019.

延伸阅读

柳诒徵. 中国文化史: 全3册 [M]. 北京: 中华书局, 2015.

许宏. 何以中国: 公元前2000年的中原图景 [M]. 北京: 生活·读书·新知三联书店, 2014.

徐旭生. 中国古史的传说时代 [M]. 北京: 文物出版社, 1985.

弗雷泽. 金枝 [M]. 徐育新, 汪培基, 张译石, 译. 北京: 大众文艺出版社, 1998.

韦伯. 学术与政治 [M]. 钱永祥, 等译. 桂林: 广西师范大学出版社, 2010.

庙堂第二

居庙堂之高则忧其民,处江湖之远则忧其君。

——《岳阳楼记》

庙堂第二

古代文明与现代文明的政治根本差异在于基础起点的不同：古代政治的起点是神圣性思维，它要告诉人们什么是理想的政治状态，基于此而构建出一整套规范和治理体系；现代政治的起点是个体的人性论，它要告诉人们什么是最坏的可能性并尽量避免它，基于此同样构建出一套规范和治理体系。

现代历史学、考古学往往将文字、城市或国家的出现视为文明的起点，却忽视了文明的内涵乃是知高低贵贱、明善恶是非。文明的萌芽与其说是社会分化的结果，不如说是集体观念分化的结果。诸文明的创世神话中都蕴含着集体观念分化这种基础的观念分化：中国传说时代的圣王中，地位最高的是伏羲氏，因为他结网演卦，定天地，分阴阳，抽象出世间万物的法则；希腊神话中普罗米修斯给了人善恶观念，雅典娜又把灵魂灌注在人体之中；《圣经·旧约》中亚当和夏娃偷吃了善恶树上的果子才被逐出伊甸园，开启了人类历史；古埃及神话中，太阳神拉自行孕育了三个神灵，除了干、湿之神就是智慧之神托特；印度神话中，人类正是在梵天美好与黑暗的交织冥想中诞生的。这些神话用非常曲折的方式讲述了不同文明的神圣性思维内涵，构成了人类诸文明社会秩序的基础。

到了轴心时代，人类走出了神话的阴影，开始用理性把握世界，尽管这种把握还很粗犷。诸文明社会秩序的神圣性不再依赖神话，而是转为好城邦、君臣父子、无差别的爱以及此生修业等。超理性的神圣秩序逐步被判断善恶的伦理秩序取代，直到马基雅维利之后，人们发现政治在现实运作中的种种腌臜诡计就是秩序自身。纵使如此，现实政治的暗箱操作与人民主权和私人财产权的神圣不可侵犯仍同时存在于现代人的观念之中。无论我们多么理性，神圣性思维仍然为认知世界的基本方式。

中国历史是一部不同自然地理板块、不同民族文化相互交融、多元互构的历史，一个如此庞大帝国的秩序神圣性来源自然也不会只有一种。本章将讨论中国历史上集中具有显著差异的神圣性思维，以及它们在历史现实中的作用。

一、封禅与家礼

封禅，即在泰山祭天、在梁父山祭地；家礼，是按照周代宗法祭祀礼仪，在家中祭祀先祖。鲁四老爷过年时的"祝福"典礼中就有家礼的痕迹。一则皇帝祭天，一则百姓祭祖，恰恰是中国历史上神圣性观念的两端：敬天法祖，天命是皇权的正当性来源，祖宗是社会团体凝结的核心。"礼不下庶人，刑不上大夫"（《礼记·曲礼上》），文明初期，神圣性观念和仪式表演都是少数人的特权，只有在封建宗法体系内的贵族才能祭祀天地山川和自己的祖宗。有宋以后，普通百姓也能给自己看阴阳风水，封坟立祠，享受先秦时公卿大夫才有的待遇。这种变迁正是中国历史演进的一个隐喻。

先秦的神圣性祭祀系统主要有三个：周人的天地山川，秦人的四方五帝，齐地的八神主。

周人的天地山川祭祀是精神大一统的表征。殷周革命的关键，就是把神圣性的求索方向从对外（上天）转向对内（祖宗）。但这并不意味着自然世界再无神圣性，相反，周人基于封建体制开创了诸侯国内名山大川的祭祀体系，尽管这个体系并不如后世汉儒在经文阐释中重构的那样精妙绝伦。《礼记》有云："天子祭天地，祭四方，祭山川，祭五祀，岁遍。诸侯方祀，祭山川，祭五祀，岁遍。大夫祭五祀，岁遍。士祭其先。"（《礼记·曲礼下》）如此精致的祭祀体系当然含有战国儒士的想象，然其中亦包含周代宗法封建制下祭祀的实际情况。《国语》云"夫国必依山川，山崩川竭，亡国之征也"（《国语·周语上》），周代封建制并非随便地在空间上划定疆域，而是必与名山大川这类自然地望相连。鲁国季孙氏曾想用桃地向孟孙氏交换成地，孟孙的成守谢息"辞以无山"，最终季孙又把有山的莱、柞之地赠予孟孙才完成交换。山川是周代分封的空间观念的骨架，所以山川祭祀被纳入宗法封建体系之中，用来区分等级：周天子祭祀天地与天下名山大川，诸侯祭祀封国内的山川，公族祭祀封地内的山川。自然地理的地望就具有了空间秩序。

战国乱世，儒士把这套祭祀体系比附为一种理想的大一统祭祀体系："天子祭天下名山大川，五岳视三公，四渎视诸侯。诸侯祭名山大川之在其地者。"（《礼记·王制》）山有五岳（东、西、南、北、中）、四镇（东、西、南、北），水有四渎（河、济、淮、江），海有四海（东、西、南、北）。显然这是一套杂糅了地理现实、五行思想和王道天命的体系。观念的现实反过来又会左右政治的现实，此后大一统王朝都绕不过这样一套山川天下的空间观念。

秦人的祭祀体系与秦国自身一起成长，其主体是围绕秦人老家雍城建立的雍四畤，祭祀白、青、黄、炎四帝，祭祀的核心是秦人先祖，即东夷白帝少昊（皞）。襄公攻戎救周，位列诸侯，为秦始封君，作西畤祠白帝；文公作鄜畤祭白帝；宣公作密畤祭青帝；灵公作吴阳上畤祭黄帝，下畤祭炎帝。此外，秦人还有两个因偶然事件而建成的名祠：一是雄鸡陈宝祠，秦文公获天降陨石，因其状若雄鸡，声若雉鸣，乃设祠祭祀；二是公牛怒特祠，秦文公伐南山大梓树，偶遇"大特"（大公牛），于是成祠祭祀。在历史与神话的交织中，我们可以看到秦人先祖筚路蓝缕，在诸戎围困的宝鸡地区苦心经营，卒成西方一霸。秦人立祠，既有祭祀先祖、凝聚力量的意图，也有分社祠畤、不断整合新征服土地的目的。

齐地靠山面海，交通便利，首开异域风气，又有山海渔盐之利，故而好神仙方术，有闲情逸致去思考六合之外的事情。诸子百家之中，阴阳五行是齐地的特产，以至秦汉之际齐地仍遗风尚存，一拨儿又一拨儿的齐地方士西入长安，为秦皇汉武的长生不老之术建言献策，贡献力量。故而齐地在周代时形成了精密而富有特色的祭祀体系——八主。八主祠祭祀天、地、兵、日、月、阴、阳、四时，其中天、地、兵是为"天、地、人三才"观念之始，日、月、阴、阳、四时是阴阳五行观念的集合。天主祠在今临淄，地主祠在今泰安，兵主祠可能在今汶上，这些地方都是齐地西部；日主祠在今荣成成山，月主祠在今龙口莱山，阴主祠在今莱州三山岛，阳主祠在今烟台芝罘岛，四时主祠在今青岛琅琊台，这些地方则是齐地东部沿海。密集的神祠体系和临淄的稷下学宫构成了山东六国的精神文化中心。

秦始皇能在武力上大一统，能征服民力，却不能征服民心，他还需要精神上的大一统。周代已经提供了一个模板，但对秦国来说，此时周代的模板并不够用，秦始皇需要继承周人提供的山川天下的大一统空间体系，又要延续秦人五百年的基业，同时还要整合山东六国此前已经蓬勃发展的新思想和祭祀体系。为此他整齐天下祠畤，官方祭祀两百处有余。其中的创举就是封禅泰山。

"自古受命帝王，曷尝不封禅？"（《史记·封禅书》）先秦传说中封禅泰山的圣王就有72位之多，但真正意义上第一个付诸实践并留下记载的是秦始皇。一统天下之后，秦始皇东巡六国，封禅泰山，为的就是实现精神和文化上的征服，实现武力和精神的双重大一统。封泰山，禅梁父，一箭三雕。封禅是周人承天命的仪式：泰山为五岳之首，是山川天下体系中的重要组成部分；梁父为齐地地主祠所在。封禅仪式一如秦地雍四畤之祭祀，一场封禅将周、秦、齐三种传统整合为一。秦始皇的精神大一统并不成功，但他留下了封禅这一遗产。天下武力大一统的表现在于咸阳仿造的六国宫殿，天下精神大一统的表现则在于混融了周、秦与齐地要素的泰山封禅仪式。秦始皇的灵魂继承者汉武帝深谙封禅对于彰显天子千古奇功的意义，十次东巡，六次封禅，汉武帝一举奠定了封禅作为彰显帝王功业的最高荣誉的地位。

然汉家本源楚地，西进关中而有天下多少带有运气成分，定都长安后还需安抚三秦故人。汉高祖将黑帝加入雍地祠畤，变雍四畤为五畤，显示了"秦为汉用"的继承发展的胸怀。汉武帝采用东土亳地方士谬忌建议，捞出先秦的太一星信仰，设立太一祠。"天神贵者太一，太一佐曰五帝"（《史记·封禅书》），经过六十多年的休养生息，汉家天子终于有勇气在精神层面超越秦地传统，设立至高的太一神，把五帝降为辅佐，用抽象的星象代替血肉联系的祖先，剪断了皇权与先秦封建的脐带关联。这种激进的造神运动引发儒士不满，天无二日，地无二主，天命所由不能政出二门，自认为是周政精神唯一继承者的儒士自然坚持"皇天上帝"，鄙斥后来的太一，直到汉平帝整合二者为"皇天上帝泰一"。王莽篡汉，严格复古，将遍布关中的各类祠畤统一缩编，在长安城周围设坛郊祀，是为后世都城坛庙体系之始。"皇天上帝泰一"就是后世祭祀"皇天上帝"的天坛所供奉的神明。

汉唐帝国继承了秦始皇大一统的天下态势：居于西部的武功集团与居于山东的文化豪族始终处于张力之中。天命祭祀典礼就是帝国整合的集中隐喻，都城的"皇天上帝"是武功集团的自我肯定，封禅则是武功集团向山东豪族的天命宣示。"皇天上帝"就在都城郊外，随时能去，但泰山只有一个，且距离汉唐都城千里之外。一次封禅大典就糜费千万，非有不世之功不轻易举行，而这种不世之功就是大一统帝国的不断征服和整合。汉光武帝刘秀重振汉家天下，封禅泰山，后有汉章帝、汉安帝柴祭泰山。隋文帝杨坚凭借关陇武力重新一统天下，遂有坛祭泰山。唐高宗李治与天后武曌封禅泰山，武则天称帝封禅嵩山，玄宗李隆基封禅泰山，李唐皇室频繁地封禅正是皇权在勋贵旧族和山东士族之间不断摇摆的写照。

宋真宗赵恒为封禅添加了新内容，却也终结了封禅的精神意义：宋真宗在中原和草原政权并立处于下风时，用封禅来获得精神上的自我满足，以掩盖中原王朝在武力上的虚弱。这种虚伪的仪式断送了封禅确认天命的意义——此前是拥有了大一统的事功才能封禅泰山，现在是用封禅泰山来弥补武力事功的不足。这种自欺欺人也昭示着在东亚历史进入中原与草原的南北对峙时期之后，中国急需新的精神统合以完成大一统帝国的蜕变。

宋儒承担起了这一历史任务。对他们而言，安史之乱后秩序开始崩塌，李唐王朝外重内轻的军事方针给了游走在帝国边疆的安禄山之流和一些不安分的汉人机会，他们是大一统帝国烂熟之后唯一拥有自主武装能力的群体，接替了中原的府兵去防守边疆。安史之乱重创了唐朝，给后世留下了藩镇割据的政治遗产。唐末五代的分裂正是藩镇与中央的均势被打破后的结果，说到底，武人秉政其实是河东、河朔和中原的节度使轮流称帝。所谓世风日下，不仅政治集团毫无底线地相互征伐，社会基层文明秩序更是逐渐崩溃。赵宋王朝与士大夫共治天下，一方面是要在制度上杜绝武人秉政，另一方面也有重新整理社会秩序的期许。但重视文治的结果，就是中原政权在与草原政权的南北对峙中落入下风,"华夷之辨"的观念取代"天可汗"时代的骄傲。如果"华夏文明"不能由战无不胜的大一统中央帝国担纲,那就要用更为本质的要素来表示。

从秦汉到隋唐,国家主导的编户齐民一直是国家治理的主轴,不论是军功爵制、乡饮酒礼,还是屯田制和均田制的计口授田都是国家政权控制人身的重要制度手段。不过,山东地区遗留的贵族-豪族传统为百姓提供了逃避皇权过度汲取的空间,每当编户齐民遭受到来自皇权的过度压榨,他们就亡入豪族家门,变为私人部曲,用人身自由换取生存空间。唐代中后期科举的发展和藩镇的混乱终结了地方豪族,宋代不抑兼并又意味着国家政权主动放弃了对地方的深入控制,这就使宋儒还要面对另外一个重要问题,即社会秩序重建。王安石想重新引入经书中周政的保甲体制,在整合地方的同时赋予基层基本的武装能力,实现国家治理和对抗外患的双重目标。吕大钧兄弟则自订乡约,力图激发民众自我组织的主动性与积极性,自选约正以主持诉讼,自行乡饮酒礼以促进团体凝聚。

靖康之难再一次震动了宋儒,半壁江山沦陷的事实提醒着他们必须同时处理国家武装能力、社会整合治理和文明正统性这三个问题。朱熹天才地提供了一套方案:一方面提倡义理解经,打破了汉唐儒家经学只面向特定阶层的有限性,将儒家经典中细致的具体规定抽象为普遍适用的义理,使文明的核心不再是哪个政治集团的行为印证了经典，而是谁能够接受并按照经典的义理行事；另一方面提倡乡约和家礼——既然经典的义理具有普遍性，那么即使最基层的人也应该遵循儒家义理。朱熹不仅按照周代经典制定出普通人也能实行的《朱子家礼》，真正地实现了"礼下庶人"，还重新发掘了《吕氏乡约》，将地方整合从民间自发行为变为官方行为。于是血缘的家族整合回归私人，地缘的地方政治秩序整合操诸官府，二者共同构成了符合儒家经典义理的政治体系，成为"华夏文明"的新担纲者。

宋代以后，边疆民族两度入主中原，并建立起前所未有的大一统政权，但华夏文明并没有就此断绝。相反，草原统治者要想稳定地统治中原就不得不按照儒家的方式进行治理，甚至元末有不少汉臣殉国，清末有不少旧知识分子力图复辟以重振传统文明，其背后正是宋儒所奠定的基础。明代中后期的边疆局势重现了赵宋王朝屡弱的局面，于是明廷主导了地方上原来由朱熹主导的事业，家礼和家庭宗族化进程在明代获得了全国性发展。时至今日，有据可考的宗族宗谱大部分可追溯的起始时期都是明代中叶。清代朝廷也默认了这种社会组织形态，采取了合作而非强力改变的策略，形成了近代以来我们熟悉的"皇权不下县"和地方家族化的局面。

从秦皇汉武东巡封禅，到鲁四老爷过年时的祭祖"祝福"，文明的神圣性从高度集中于皇帝到细致入微地扩散于每个家族，形态差异巨大，这正是中国历史社会阶层不断平民化的写照。[1]但同时，文明秩序的内在逻辑不变，基于武力的政治秩序整合必须有神圣性的展演，这一秩序才能成为社会可以接受的秩序。

二、经与史

华夏文明的神圣性建构并不只有天命观和祖先崇拜，"神圣王权"的理论提醒我们，文明初期的"巫"是神圣性的胚胎，它能展演出诸多可能。欧洲文明在亚伯拉罕诸教的强势介入下，自身"巫"的传统内化为巫师传说或者国王触摸治病的神迹。华夏文明的"巫"在后续发展中演变成两条脉络：一是负责神祠祭祀的礼官，二是负责上观天象、下记历史的史官。司马迁所谓"究天人之际，通古今之变，成一家之言"（《报任安书》），正是他同时肩负观星占卜和历史记录双重任务的写照。

---

[1] 值得注意的是，由于儒家经典和思想自身的局限性，这种"文明神圣性"的弥散化仅止于"家族"。尽管现实中南北方家族的规模大小不一，但个体并不能脱离于家族获得独立的文明意义。与之相似，天主教的"神圣性"要通过教会从上至下传递到基层教区和教堂，教众只有在本地区教堂参与教会生活才能获取意义。

但宗教改革后，马丁·路德倡导的"因信称义"把文明的神圣性直接落实在个体身上，由此开启了现代社会个体神圣以及个体权利成长的漫长历程。当然，这并不意味着基督新教摒弃了各类共同体，只是"个人"和"共同体"这两种要素的位置和意义不同于其他文明。

但是在中国史学史上，除了司马迁，大一统王朝的历史书写极少有能"成一家之言"的案例。要而言之，承载中国历史上文字教育的仍主要是儒家经典教育，这也就意味着有能力书写历史的人的知识体系和宇宙观大部分是儒家经典所赋予的。据此，中国的历史书写可以大致分为两个阶段：从孔子笔削《春秋》以图"乱臣贼子惧"，到司马迁著《史记》以求"成一家之言"，史家意图用独立的历史书写匡正政治的恣意妄为；而从班固撰《汉书》到官修正史，历史书写则被还原为政治的史实记录，以求后世儒生根据儒家经义去评判。但也正因为孔子和司马迁奠定的历史书写基础，史学仍然获得了相对独立的秩序神圣性，如实记录背离经义和伦理的史实这一行为本身就是在制约政治，以免它恣意妄为。

大一统王朝的时代，经与史的互动正是窥探历史神圣性的重要窗口。

汉初，叔孙通制定朝仪，看似顺应时务，实则是在尝试重新定义"马上"所得之天下。而董仲舒及其之后的儒生，则有了更强的主动性——今文经学的《春秋》各家均力图"以经统史"，通过注解《春秋》的《公羊传》和《穀梁传》来探索理想政制，进而指导现实。

汉代今文经学儒生的思想处在一种混合形态：在自然宇宙观方面，他们相信阴阳五行学说，即相信世间万物按照阴阳、五行、四时,以特定的术数关系运转,性有阴阳,物有五行,四时为序,相互交叠。人位于天地之间,同样遵循这一套阴阳五行的运作逻辑。人性运转若符合阴阳五行的自然运作则为善,若违背则为恶。《白虎通》所载"三纲五常"之所以成立,是因为在纲常指导下的人际关系符合天数运转。如何让社会运转符合天数?关键在承受天命的王者。因为普通人的人性并无定向,若要使其符合天数,则需要王者治理,即"以德化民"。具体的治理方案,素王孔子已经在他整理的儒家典籍,特别是亲自笔削的《春秋》经中阐释过。只要王者按照这套方案做,天数运转就会正常;若王者有偏离,则上天会因阴阳五行运转不调而降下灾异。所以汉代儒学若向玄的方向发展,就变成了探求天人交际的谶纬学说;若向实的方向发展,就是探求圣王之制的训诂注释学问。

在武帝独尊儒术后,这种自圆其说的逻辑就成为汉代政治的基本逻辑。那么,唯一剩下的问题就是上承天命的王者如何具体实施符合天数的治理办法。然而,今文经学擅长想象与建构,却短于训诂和阐释。刘歆、刘向父子在皇家禁藏中重新发掘儒家古文经,为王莽提供了一整套既有据可依又能上手操作的治理方案。王莽据此踏踏实实、认认真真地复古改制,最终,民不聊生,天下大乱。

这样深刻的教训让东汉经学在玄与实的两个方向上发展。玄的方面,扬雄、王充继承古文经学的内容,摒除了今文经学中阴阳五行、天人感应的积极有为的施政逻辑，转向道家的自然主义，用道法自然替换了阴阳五行的天人感应。既然现实的政治行为无力改变天象运转，那就只能被动接受命运。这也照应了东汉初期无为而治、休养生息的现实，正因为这种不折腾的政策才让东汉前期国力快速恢复。实的方面，身处东汉末年的郑玄兼采今古文经学所长，力图皓首穷经，用扎实的训诂注释讲明经典内容，以直接指导现实政治运作。如果今文经学的天人感应逻辑没错，古文经学的周政记载没错，那么只能是今人的理解有错。但是历史的进程没有给郑玄留下机会。在他身后二十年，汉献帝禅让魏王曹丕，一句"舜、禹之事，吾知之矣"（《三国志·魏书二·文帝纪第二》引《魏氏春秋》条），彻底打破了经学规制现实政治的能力。

由此，中国政治进入"经史分离"的阶段。魏晋南北朝混乱的局面造就了一群高超的政治计谋家，使得政治运作获得独立于经典规定的理想政制的地位。儒家经典不能提供任何关于政治计算的参考，也不能用于两军对垒以出奇制胜，既然它对于现实政治权力的掌握毫无参考意义，那么它也就失去了规制政治权力的能力。中古时期九品中正制考察的不是学问，而是一个社会圈层的风评。只要一个人获得大家的认可，他就可以出仕从政，而认可的唯一标准就是血缘门第。

至唐代，仍能在科举里看到这种"经史分离"的状况。唐代科举以进士、明经两科为重，但二者取士的标准差异很大。进士科考诗赋、实务策，重在考察应试者的文采和时政分析能力，这种能力非有家学传承或从政经验无从获取。而明经科只考帖文、经义，背诵五经注疏即可应试。从分科名称上看，唐代进士科、秀才科所取的乃是"政治家"，明经科则和明法科、明算科、明书科一样，不过是取有特殊专长的专业技术人才罢了。在这个意义上，孔颖达所作《五经正义》，对义理存而不论，专注经文本义，详细阐释名词概念，实际上是明经科最好的教材，而不像郑玄所注经书那样寄托了注者直接规制现实政治的宏图抱负。

赵宋王朝给儒家提供了规制政治的第二次机会。藩镇割据、武人乱政的教训让赵宋王朝选择"与士大夫共治天下"，政治又一次有限度地接受儒家经学的规制。同时，经历了中古时期的道教与佛教思想的洗礼，面临现实中辽、金等政权的军事压力，宋儒爆发出了前无古人的创造力。受到佛教、道教思想的启发，他们提出"理"与"气"的学说，重建了儒家的人性论，在传统经学之外提出了独立的人的道德修养理论，并以这种全新的学说为基础阐发儒家经典中普遍适用的义理，进而规制现实政治。这样一种曲折的路线显示出宋儒在思想学说上的成熟，也使得宋代以后的中国政治缺少了一种直来直往的"天真"。

晚唐五代离乱，上位者恣意妄为，滥刑重典，视人命如草芥，又人伦尽丧，臣弑君、子弑父、兄弟相杀的事件层出不穷。

宋儒面临的不仅仅是政治秩序重建的问题，更要收拾人心，重建社会秩序。魏晋隋唐，佛道大盛，无为自然、万物幻有、人性空无的学说从根底上消解了儒家基于血缘亲疏远近构建的"亲亲尊尊"的纲常伦理。宋儒必须为儒家经典中的差序性社会秩序找到新的理论基础。从周敦颐、邵雍，到张载、二程，他们都把目光放到了《易经》术数上，用太极、卦象的演化，讲述由"气"这一世间万物的本体演化的"理"。人性修为就是用人心感受天地公理，涵养浩然正"气"，从而达到道德圆满。

朱熹集北宋各儒性命道德学说之大成，并由此生发出一套贯通个人与国家的理论，重构了中国政治的精神根基。朱熹同样用"理"和"气"解释世间万物的发生与存在。人性修为，就是遵循形而上之天理，克服形而下之气的滥动。治国如修身，圣君之道长存，但能否按照圣君之道治国，则全看为政者自身的修养。圣贤之君治国为王道，英雄豪杰治国为霸道，区分二者的关键不在行政的具体内容，而在为政者自身的修养。"古之圣贤，从本根上便有惟精惟一功夫，所以能执其中，彻头彻尾，无不尽善。后来所谓英雄，则未尝有此功夫，但在利欲场中，头出头没。"（《答陈同甫书》）

所以朱熹特别推崇《大学》，《大学》首要就是"修齐治平"。如果说宋代以前，中国传统政治中关于治理技术的争论仍然在经学范畴内，即现实政策是否符合五经经义，那么宋儒就是颠覆了这个传统，把政治治理落实在宋儒的人性论建构上，即技术只是细枝末节，首先要有能做好事情的人。朱熹的理论有着深刻的宋代现实政治基础。王安石在变法中为回应同朝批评，专门作《三经新义》。在《三经新义》之中，他又亲自撰写《周官新义》，通过严格的经学训诂阐明义理，为自己推行的青苗法辩护，以期"立政造事"。司马光等反对派以小人行政为祸批评新法，将新法辩论从制度本身的好坏引向"君子小人"之辩。最终王安石变法深刻影响了宋朝政局的走向，宋代朝堂党争几乎都以为政者究竟是君子还是小人展开。朱熹基于性命道德学说而提出的为政之理，实际上正是宋代政治论题的直接体现。

宋儒的观点奠定了此后八百多年中国政治的走向。至明代，王阳明将心学发扬光大。归根结底，他与朱熹的分歧不过是性命道德学说内部的纠葛，即人性修为是遵循外部天理还是内在人心，至于政治好坏关键在人这件事上并没有什么不同。明末东林党和阉党之间的斗争最后仍然是宋代"君子小人"的路数。甚至到晚清，清流派与洋务派争执的根本也并非是否要在制度上"以夷变夏"，而是要在剧烈变化中如何防止"人心不古"。

儒家经学最后一次力图正面规制历史，就是今文经学复兴和戊戌变法。到清代，经过乾嘉学派的深度发掘，古籍经典整理与解读日趋完备。随着王朝后期秩序的崩坏和西方文明的入侵，传统性命道德学说和经义训诂已经无法解决这些问题，于是今文经学围绕《春秋公羊传》的再发掘而逐渐复兴。四川人廖平借《春秋公羊传》以言孔子改制，将制度重新纳入传统儒学的思考范围，同时希望在新兴科学知识的刺激下，能够用经学重建与世界相接的知识体系，提出所谓洋人的知识都是圣人在经中说过的观点。在廖平的影响下，康有为撰《新学伪经考》《孔子改制考》，意欲托古改制；又撰新旧交错的《实理公法全书》，大胆设想了新制度。在变法中他高举"保国、保种、保教"的旗帜，将公羊学的"孔子素王说"推展到"孔子教主说"，欲以孔教比基督教，以孔子比耶稣，用宗教的力量重新收拾人心，重振中华文明。

康有为的尝试在戊戌变法时尚显激进，而到辛亥革命后就已经落伍。但是，他昭示了20世纪中国历史的走向：中华文明在千年未有之变局中，要重新确立一套"经学"体系，规制现实的政治，适应世界新文明的潮流。

三、佛与道

古典政治一直需要神圣性要素，设立理想典范，规制现实政治的恣意妄为。然而在中国历史上，填充这种神圣性要素内容的，并非只有儒家这一种学说体系。在中古时期，儒家经学失去了规制现实政治的能力，道教与汉传佛教相继兴起，在相当程度上替代了儒家学说，为国家和皇权提供了神圣性要素。宋代之后，边疆民族两度入主中原，东亚进入前所未有的大一统时代，而在多民族治理中，藏传佛教同样为大一统皇权提供了神圣性背书。宋代以后，中国思想史有所谓"三教合一"的趋势，明清历史中儒家士大夫的宇宙观往往是儒、释、道三者结合，六合之内是三纲五常、天地君亲师，六合之外是佛道各半的佛菩萨、神仙。《西游记》和《封神演义》正是这种混杂宇宙观的集中体现。

汉代儒学能够登顶并成为帝国的官方学说，与其自身的杂糅能力密不可分。董仲舒的春秋公羊学包含了先秦道家、阴阳五行家、齐地方术等诸多内容。今文经学发展到极端就陷入谶纬和天人感应之中无法自拔。东汉王充虽然在《论衡》中想用道家的"自然无为"替换掉阴阳五行术数，但谶纬仍然是东汉政治中关键的一部分。今文经学提供的一整套基于阴阳五行、天人感应的宇宙观成为汉代人认知世界的基础，理想的政制自然是遵循这套宇宙观的汉代官僚体系。

汉朝自武帝之后面临的现实问题是，编户齐民被国家过度汲取，纷纷逃亡至豪族门下寻求庇护，以至于刘秀重建汉家天下，主要依靠山东豪族的合作和支持。儒学的家族传承和察举孝廉制让豪族从简单的血缘经济共同体向文化政治与经济血缘全方位的复合型地方共同体转变。越多的人亡入豪族成为私人部曲，朝廷掌握的编户齐民也就越少。东汉时期长达百年的对羌战争严重削弱了国家财政实力，汉灵帝的罪名并非昏庸而是暴敛，政府卖官鬻爵的收入最终都要靠越来越少的编户齐民来提供。普通百姓越发需要寻找新的组织形态以抱团取暖，同时希冀恢复理想昌明的政治治理。

太平道就是穷苦百姓的宗教。治病求医是普通人的根本需求，咏诵道书、符水治病是价格最便宜的、最具传播力的教团拓展方式。张角奉行的《太平经》与明清时期底层流行的善书宝卷在文体性质上并无太大区别，其关键在于朗朗上口，易于传播。细究《太平经》的宇宙观，反而会发现它和道家"自然无为"的宗旨没什么关系。《太平经》讲求治身治国，基本原理来自阴阳五行学说。"冥想守一"是要四时五行之气进入体内养成五脏神，人与五脏神对话，调养身心，才能长寿成仙。帝王修身成仙之后才能治国平天下，君王之治要取法上天。而《太平经》的天界结构就是汉帝国政治体制的描摹，轻徭薄赋、忠孝尊卑是善治的基本内容。《太平经》宣称当下的社会状况虽然痛苦，但"太平气"即将来临，大德之君将会出现。一般而言，教主都尽量避免把这种变相的谶纬预言设定为短时间内就能实现，因为其应验与否关乎教义是否有效。但遍布八州的数十万信众给了张角不一样的信心：如果预言不能实现，那我就创造条件实现预言。"苍天已死,黄天当立"对于黄巾军起义而言并不仅仅是一句动员口号,更是带有末世论色彩的宗教召唤。

五斗米道的教义与太平道相比,更贴近道家的思想。《老子想尔注》虽然语言粗俗,牵强附会,但根本思想仍然是清修除欲、清静无为,在无欲的状态下体悟"道",达到人生圆满。在教团活动上,五斗米道和太平道差距并不大。"五斗米"入道本身就是一种用社会集资来保障公共福利的方式,焚表祈祷、符咒治病也是当时底层人民的需要,神仙体系也是帝国官僚体系的投射。从结果上看,五斗米道比太平道更成功之处在于,它没有设立末世预言以掀起普遍的民众运动,而是满足于地方割据,踏踏实实按照自己的宗教设计治理地方。张鲁割据汉中三十年,以"祭酒"为职官,遍设义舍、义米、义肉,为民称颂。

初始道教均为底层运动,虽然在教义根源上有阴阳五行家和道家的差别,但其与现实政治之间的关系是一样的:初始道教将汉代国家体制神圣化为天国,再反过来用理想天国的圣君之治规制现实;规制的具体方式是按照道教教义修身,或者按照四时五行规范活动,或者清静无为、无欲无求。这是初始道教的两个重要遗产,前者成就了道教科仪,直至今日道教常用的法器剑、印、符箓都能看到国家权力的影子;后者被宋儒接纳,成为宋明理学的重要思想来源。

北方游牧民族内迁为政治的神圣性要素提出了新需求:在

传统儒家思想中，边疆族群天然不具有统治的正当性，匈奴、鲜卑、羯、氐、羌的统治者需要新的神圣性正当秩序体系为自己的统治背书。佛教这一外来宗教就成了最合适的选择。

佛教在汉明帝时首次入华，后长期和道家享受同等待遇，不过是皇室供奉的又一尊神明而已。北方游牧民族内迁和中国北方的秩序混乱为佛教提供了发展的空间。乱世之中，游牧民族统治者面临的首要问题就是如何在暴力之外建立起有效稳定的统治秩序。战乱之中，不仅百姓饱受苦难，刘聪、石虎、石勒、苻坚、姚兴这些游牧民族统治者也不安稳。今天他们消灭敌对势力，明天就可能被兄弟子侄或臣子将领杀害。佛教高举"不杀"的旗帜，获得诸多统治者的青睐。

佛图澄见石勒生性残暴，"专以杀戮为威，沙门遇害者甚众"（《高僧传》），意欲感化石勒。他用神通果报之说劝石勒少作杀业，最终赢得石勒的崇敬。石勒之子石虎更是下旨："度议云佛是外国之神，非天子诸华所可宜奉，朕生自边壤，忝当期运，君临诸夏，至于飨祀，应兼从本俗。佛是戎神，正所应奉。"（《高僧传》）由此确立了佛教对胡族政权的神圣性加持。前秦苻坚礼遇道安，将他带回长安弘法。后秦姚兴巩固政权后，倾慕江左文化，弘扬儒学，为在玄学造诣上更胜江左，专门迎请鸠摩罗什来长安译经，大大促进了佛家经典的深度译介。上层的宣扬引导着底层百姓削发出家、舍身奉佛，逃避国家压榨，使得北朝佛教大兴。

在这样的环境下，北魏太祖拓跋珪在征服过程中就十分注意保护佛教，礼敬佛图澄、道安门派弟子，最终获得赵郡法果的帮助。法果统合了北方佛教组织，拟定佛教政策，确定了教权属于君权的政教关系原则。他的重要发明就是将皇帝变为佛——太祖拓跋珪明睿好佛，是当今如来，"我非拜天子，乃是礼佛耳"（《魏书·释老志》）。在这样的观念下，北方佛教势力与北魏皇权紧密结合，相互支持。今天我们在大同云冈石窟所见的大佛，都是按照北魏皇帝的形象开凿的。这种"皇帝即是佛"的观念既加强了皇权的神圣性，也有效规制了皇权，以免它过度残暴。

相比而言，南方佛教的兴盛源于南渡高门在学理上的玄谈兴趣。东晋时，竺道潜、支遁南渡，融合佛法玄理与名士清谈，由此获得朝廷上下的接纳。这种崇隆的地位与佛教教义相结合就有了"沙门不敬王者"的理论。权臣桓玄整顿东晋僧团，裁汰寺庙僧尼，恢复世俗权威，要求佛教徒跪拜皇帝，引发高僧慧远的反对。慧远以一篇《沙门不敬王者论》系统阐述了佛教相对于世俗政权的独立性以及合作的可能。慧远认为，出家的沙门是方外之宾，追求佛法真理，拯救众生，度人成佛，恩泽天下，精神上超越服从皇权的世俗轮回，德行上超越"帝王之德"。在现实中，出家沙门弘法也就是协助王化，庇佑生民，虽不跪拜但也礼敬君王，政权和教权相互扶助，佛法既要指导君主，也需要君主的武力保护。

慧远的辩论相当成功，以至于在东晋后期到南朝前期，南方佛教都具有相当大的政治独立性，这种独立性也吸引了诸多底层民众皈依佛门，寻求庇护，于是南朝佛教同样大盛。面对独立的佛教和虎视眈眈的贵族，梁武帝萧衍急须将二者整合进皇权体系。他秉持能讲道理尽量不动手的南朝争论原则，从理念上而不是武力上征服佛教。作为皇帝，他并不等着沙门主动改变态度前来礼敬，而是躬亲实践，指导建立僧伽团体，积极建造寺院，翻译佛经，弘扬菩萨思想，最终在亲自受菩萨戒中，他的崇佛达到高潮。萧衍以皇帝之身践行菩萨道，成为佛教系统内部认可的得道高人，获得"皇帝菩萨"的称号。萧衍不是让佛教服从皇帝，而是让皇帝成为菩萨，进而让佛教服从菩萨再间接地服从皇帝。这样精妙的关系需要极强的个人魅力和雄厚的布施财力，而这显然不是长久之计，于是梁武帝萧衍在历史上只留下"佞佛"的名声，他的舍身出家之事也沦为笑柄。

李唐王朝是中古佛道崇拜的终极结合体。在中古门阀政治这种皇权政治的变态之中，皇权本身除了武力基础和神圣正当性外，还受到社会阶层声望的制约，这就是姓氏的门阀品第。可晋阳起兵的李渊父子在门阀大姓之中并无位置，李家向上追溯就是西魏的八柱国将军之一的李虎，是纯粹的武将世家，缺乏世族大姓的文化资本。称帝之后，李氏父子只得攀附陇西李氏，增加声望。但西魏去国未远，李家鲜卑母系无法掩盖，仅仅声称自己是陇西李氏远远不够。于是李渊搬出老子李耳，封其为先祖，立庙祭祀，尝试用已经成为道教神仙的老子的神圣性加持自身。唐高宗时尊老子为太上玄元皇帝，唐玄宗时又加尊号为大圣高上大道金阙玄元皇帝。唐玄宗、玄宗胞妹玉真公主、唐僖宗还亲自受箓，成为道士。

武则天称帝是李唐王朝的重要插曲。她既不能向强调父系继承的儒家寻求合法性帮助，也不能向李唐皇室崇敬的道教寻求神圣性加持，于是佛教就成为她最好的选择。武则天称"圣母神皇"后，授意薛怀义、法明等人伪造《大云经疏》，讲述天女下凡，听闻佛法深义，取得转轮王统领的疆土，以佛教的"转轮王统治世间"思想解释自己的合法性。此后又请达摩流支翻译《宝雨经》，直接宣扬"转轮王"思想，经文译成八天后武则天即加尊号"金轮圣神皇帝"，此后又加尊号"越古金轮圣神皇帝""慈氏越古金轮圣神皇帝"，不断强化自己作为世间佛国统治者的形象。为此她还着力改建洛阳皇宫，建设明堂、大佛乡、天枢、九鼎，对应佛经文义。这样的政治表演在李唐皇室复辟后再次被延续，唐玄宗不断增加老子李耳的尊号，将长安的太上玄元皇帝庙改为太清宫，洛阳的老子庙改为太微宫，天下郡县的老子庙改为紫微宫，用改庙为宫强调事死如生，不断拔高老子李耳的神性，进而提升李唐皇室的神性。

　　李唐王朝的崇佛敬道被后来的辽朝和赵宋分别继承了。辽朝崇信佛教本为安抚北迁的汉人百姓，辽太宗获取燕云十六州后，佛教进入辽朝皇室。辽太宗将幽州大悲阁的白衣观音请往上京木叶山，尊为家神。此后辽朝在西京、南京、上京及皇陵奉陵邑大建寺庙、佛塔，为我们留下了应县木塔、大同华严寺与善化寺、开义县奉国寺、渔阳县观音阁等精美木构建筑。宋朝"与士大夫共治天下"本为祖宗之法，宋真宗赵恒因澶渊之盟自尊大受打击，为了彰显皇帝的威严，在封禅泰山之外，还大力崇道。大中祥符五年（1012年），宋真宗宣称梦见玉皇令赵氏祖先授予他天书，赵氏祖先自称是人皇九人中之一人，曾转世为轩辕黄帝，后唐时奉玉帝之命降世，总治下界，名曰"九天司命保生天尊赵玄朗"。当年，宋真宗追尊赵玄朗为"上灵高道九天司命保生天尊大帝"，庙号圣祖。宋朝第二个崇信道教的皇帝是宋徽宗赵佶，他本是个玩主，登基继位是人生计划之外。他并没有太大的政治野心，真心追求的是自己长生成仙。道士林灵素辩称宋徽宗是长生大帝下凡，自己也是仙官下凡，来辅佐真君，宋徽宗听后大喜，自加尊号为"教主道君皇帝"。直到靖康之难被北掳，宋徽宗仍然身着道袍，只是此时赵玄朗无法下凡保佑子孙了。

　　蒙古帝国的兴起重演了北方游牧民族内迁的政治态势，只是这一次更加彻底，东亚首次被纳入一个更为庞大的世界性帝国版图之中。长春真人丘处机西游打动成吉思汗的，仍是佛图澄曾说的"不杀"之论。对道教而言，他们获得了新兴政权的承认，免于被灭；对成吉思汗而言，丘处机只是众多试图说服他的文士中的一个。道教的个体主义倾向的修身理论和科层等级繁复的神仙体系注定难以传向亚洲内陆，蒙古人的文明启蒙仍落在佛教身上，只是这一次从汉传转为藏传。

1247年的凉州会盟开启了藏传佛教萨迦派与蒙古帝国的合作，藏区佛教教派的复杂和蒙古帝国内部激烈的汗权争夺则将这种合作的稳定性推后了十余年。在忽必烈争夺汗权的过程中，萨迦派新领袖八思巴全力支持，最终获得"国师"称号，掌管宣政院，管理全国宗教事务，萨迦派也获得藏区政教大权。八思巴此后还积极参与忽必烈的政务，为蒙古新造文字，给元廷上下灌顶受戒，让藏传佛教开枝散叶，传播到五台山、大都等地。

明代立国，首崇儒家，但经历过元朝的洗礼，上层的思想状况要复杂得多。明成祖朱棣因靖难上位，其皇权合法性饱受质疑。作为重振合法性与神圣性的手段之一，朱棣推崇真武大帝，大修武当山，用道教中少有的武力神仙加持自己。同时北京城的藏传佛教氛围同样感染了皇室，自宣宗朝起，藏传佛教僧侣屡次入宫接受封赏，并在武宗朝达到高峰。作为历史上另一个有名的玩主皇帝，明武宗大封法王，频繁举行法事，延请僧侣入宫传授密法，为在京藏传佛教僧侣赐土地、佃户，建造寺庙。当然，这一时期皇帝自身的宗教信仰很大程度上还是个人属性，对政治影响不大。宫廷器物和历史记载表明，明武宗除了崇信藏传佛教外，还很可能同时信仰伊斯兰教。

明朝后期，北方草原上的俺答汗重新和藏传佛教建立起关联。北元朝廷覆灭后，蒙古草原再次陷入各部混战的状态，但蒙古大汗的汗号基本保持在黄金家族中，黄金家族是这个汗号的唯一继承者。但俺答汗领导的土默特部实力远超蒙古大汗直属的察哈尔部，1551年，蒙古大汗打来孙接受俺答汗领导，以换取自己格坚汗的尊号，同时授予俺答索多汗称号。可这次册封仍不能满足俺答汗的名分需要，他积极寻求新的突破点。1573年，俺答汗进军青海，和藏传佛教格鲁派取得联系；1578年，他在青海与格鲁派首领索南嘉措会面，双方互上尊号，俺答汗尊索南嘉措为观音菩萨化身，索南嘉措承认俺答汗是忽必烈转世，由此开启了草原汗号需要藏传佛教活佛确认的传统。蒙古大汗的控制力被进一步削弱。1635年，皇太极派多尔衮等人率领大军，追击已逃到河西走廊一带的察哈尔部，林丹汗之子额尔孔果洛额哲献出元朝"制诰之宝"，漠南蒙古各部向后金臣服，向皇太极献尊号博格达汗。

作为草原政治传统的延续，皇太极称帝后第二年即拟邀请五世达赖赴沈阳。在漫长的书信交往过程中，清朝已经入关。为安定西北、西南各部，清廷仍力邀五世达赖来京。直到顺治九年

（1652年），五世达赖抵达北京觐见顺治帝。顺治帝为他颁布金印、金册，五世达赖则向顺治帝献上"文殊皇帝"的尊号，草原的政治传统再次得到确认。清朝统治者深知蒙古各部是他们征服东亚的重要同盟力量，而稳定蒙古这支同盟力量需要藏传佛教的帮助。所谓"兴黄教以安众蒙古"，清朝一方面在蒙古地区建立盟旗制度，分封王公，改游牧制为驻牧制，解决蒙古各部数百年来因为资源争夺而冲突不断的问题；另一方面在蒙古草原建立藏传佛教寺庙体系，将蒙古人的精神生活统一在藏传佛教之中，自己则作为藏传佛教的供养人和册封者，掌握着控制权。

这种政治心态在承德这座塞外城市的营建中展露无遗。乾隆营造了一系列纪念碑式的佛教建筑，仿照布达拉宫和扎什伦布寺建造了普陀宗乘之庙和须弥福寿之庙，仿海宁安国寺造罗汉堂，仿五台山殊像寺造殊像寺，仿伊犁固尔扎庙造安远庙，仿金刚宝座塔造普宁寺，仿坛城和天坛造普乐寺。这个大型乾隆佛教"手办"乐园向藏传佛教世界展示了前所未有的王者气度，宣示了清朝皇帝对藏传佛教的掌控力。

这种气度和控制力需要强有力的国家财政支持，自道光罢木兰秋狝之后，承德作为草原政治秩序展演舞台的功能也就丧失了，清朝逐渐还原到单一的儒家精神世界中，并迎来更大的文明冲击。

中国传统政治的神圣性传统如此多元，正是大一统王朝不断吸纳不同政治传统进入自身的结果。这种政治表相的背后，是不同政治制度和族群地域相互的交融。凡是一种制度抑或一个政治集团初兴，都需要有别于旧传统的神圣性言说。这种言说的思想资源并非随意发展，而是在文明的轴心期就已经萌生出来，但凡有不属于中华文明轴心期萌生的思想资源进入中国，都预示着这是一个极其混乱又极有活力的时代。中华文明的韧性就在于不断吸纳这些异质性传统，并在新的历史阶段迸发出新的可能性。宋儒融合儒、释、道的努力是如此，康、梁用今文经学融汇西方科学也是如此。

参考文献

冯友兰.中国哲学史[M].上海：华东师范大学出版社，2011.
顾颉刚.古史辨自序[M].北京：商务印书馆，2011.
李零.思想地图：中国地理的大视野[M].//李零.我们的中国：第四编.北京：生活·读书·新知三联书店，2016.
蒙文通.经学抉原[M].上海：上海人民出版社，2006.
朱维铮.中国经学史十讲[M].上海：复旦大学出版社，2002.
赵云田.清代蒙古政教制度[M].北京：中华书局，1989.

姜生.东汉原始道教与政治考[J].社会科学研究,2000(3):84-89.

颜尚文.梁武帝"皇帝菩萨"理念形成的时代背景[C].//佛教的思想与文化:印顺导师八秩晋六寿庆论文集.台北:法光出版社,1991:123-164.

孙英刚.转轮王与皇帝:佛教对中古君主概念的影响[J].社会科学战线,2013(11):78-88.

张亚辉.没有围墙的城市——关于承德地景的历史人类学分析[J].民族学刊,2012,3(2):37-47.

延伸阅读

姜生.汉帝国的遗产:汉鬼考[M].北京:科学出版社,2016.
钱穆.两汉经学今古文平议[M].北京:商务印书馆,2015.
颜尚文.梁武帝[M].台北:东大图书公司,1999.
张亚辉.宫廷与寺院:1780年六世班禅朝觐事件的历史人类学考察[M].北京:中国藏学出版社,2016.
王斯福.帝国的隐喻:中国民间宗教[M].赵旭东,译.南京:江苏人民出版社,2018.

士林第三

士不可以不弘毅,任重而道远。仁以为己任,不亦重乎?死而后已,不亦远乎?

——《论语·泰伯》

士林第三

中华文明是一个靠文字凝聚起来的文明,"十里不同音"的方言和分布广泛的民族语言为治理大一统郡县制国家提出了关键难题:信息如何在不同层级的长距离传递中不变样,参与到朝廷工作的各地精英如何共享一套文化观念以保证帝国统治的一致性?

拥有同一种书写符号是一个事半功倍的办法。秦始皇的"大一统强迫症"没有让东亚进入欧洲那样的"巴别塔世界",反而意外地成就了一个稳定连续的文明。担纲这个文明的人群,就是能掌握文字的知识阶层。于是在大一统的逻辑之中,文字知识高于实践知识。无论是地方上的起起武夫,还是手工业中的精湛匠人,都不及一个县里秀才的功名。古代底层人敬惜字纸,并不是因为仓颉是多大的神明,而是因为懂得文字的人实实在在地在管治着他们。根植于地方风俗的豪强是地方贵族的胚胎,依附于皇权的官僚则是帝国治理的枝蔓,掌握文字的官僚系统始终悬浮在社会现实之上。文字的知识带来抽象的治理，抽象的治理带来抽象的阶级，抽象的阶级维持抽象的文化，而能打破这个循环的，就只有"奇技淫巧"的坚船利炮。

罗马不是一天建成的，中国的文字知识阶层也不是诞生之初就变成这个样子的。和世界上其他古老文明一样，中国的文字知识阶层同样诞生于轴心时代。所谓轴心时代也可以视为前轴心期文明的衰亡期和稳定期，实践性知识因其口耳相传、顺势而变的特性，无法成为稳定的可流传的文明体系，而在这一时期，有一批知识伟人把这一套实践性知识转化为文字知识，并流传下去，由此文明体系获得了相当程度的稳定性。春秋时期的破落贵族是轴心时代的关键，当他们把贵族日常的行为规范总结为文字韦编成册，周礼就死去了，基于周礼灵魂的儒家文明则诞生了。

所谓"有恒产而有恒心者"，乃是周代领有封土的贵族，他们凭借祖传封土和封建礼仪获得身份确证；"无恒产而无恒心者"，乃是封建贵族的隶农，他们依靠封建贵族的土地而活，并没有恒久坚持的行为规范；"无恒产而有恒心者"，乃是破落贵族，他们丧失了赖以为生的封土，徒有一身封建礼仪的实践性知识，便把这套知识转变为安身立命之本，"惟士为能"。

掌握文字知识的"士"，就是后轴心时代中华文明的担纲者。大一统帝国因有这样一个阶层而绵延不绝，统一和分裂只是大一统帝国文明张弛的表面律动，"士"这个群体自身的形态和历史地位的浮沉是大一统帝国绵延不绝的内在动力。

一、"士"的诞生

"士"本身是周代贵族的末流,他们大多是食禄阶层,充当周王室或者诸侯公室的底层官僚,抑或王畿卿士、卿大夫的底层家臣。由于可以直接参与政治和军事活动,士可以凭军功进一步获得封土、封民,成为真正的分封贵族;但基层官职有限,两三代之后,士的分支子孙也可能退化为耕种土地的"国人"。没有封土、封民就意味着没有稳定持久的收入,服务天子公卿的各项技术和实践性知识才是士原初的安身立命之本。这种传统一直延续到战国时代,《周礼》的作者畅想了国家官员设置的理想形态,六官之属官均主要由上、中、下士充当,涵盖了从王室掌厨到市场收税、从巫医乐师到养马驾车等各类专门职业。

如果亲属制度的代际疏远原则不发生作用,周初的封建体制不衰落,那么"士"们凭借着实践性知识和稳定的代际传承,大概率会逐渐发展成为一个"职人"阶层,通过出卖专业化的产品和服务生活,而非后世纯粹的食禄阶级。但是春秋五霸轮番登场,列国的军事–财政竞争推动着国家治理的理性化进程:丈量土地,优化税收,经营山泽渔盐之利,缮治甲兵,行军布阵,听讼判罚，治民安境。需求创造供给，这些在封建时代都不存在，而如今需求大增，"士"有了大展身手的舞台。

孔子是新时代的第一"士"，他个人的奋斗经历和历史行程相结合，成为未来两千余年中国士人的基本模板：出身底层，勤奋学习，周游列国，寻求实现自己抱负的机会。但他的不朽并不在于个人经历，而在于他奠定了新"士"人阶层安身立命的根本——文字性知识。此前的君子六艺——礼、乐、射、御、书、数，都是实践性知识，礼是周代宗法贵族的行为规范，乐是行礼中的搭配，射、御是现实的战争技术，书是行政信息传递的需要，数是现实治理和经济行为的计算能力。孔子笔削传统文献，将其作为教学的内容，由此也重新确立了另一种"六艺"——《诗》《书》《礼》《易》《乐》《春秋》。每一种"艺"都变成了一种经典文献，这意味着实践本身不再位于首要位置，文献中记载的实践性知识背后的道理才是在社会动荡时代重新确立秩序的基石。

在这个意义上，孔子虽然有强烈的复古倾向，被时人讥为"知其不可而为之"，但他绝非一个保守主义者，文献化六艺是一个划时代的革命行为。骑马射箭、行礼奏乐的门槛不是技能和知识，而是血统与身份。孔子提倡"有教无类"，终结了宗法贵族对于知识的垄断，用文献取代了庙堂，创造了一个适应新社会政治结构需求的士人群体，填充了各国君主急需的治理空白。就

"制度精神"的层面而言,孔子既是三代传统的追慕者,也是三代传统的埋葬者。

孔子开创了士人时代,但这个时代的"士"并非全部出自孔子门下,甚至被各国君主奉为座上宾的往往并非孔子门徒。东周列国面对动荡的局势,首先需要国富兵强,而擅长于此方面且声名显赫的是法家、兵家、纵横家。春秋时的管仲、晏婴、司马穰苴作为国内公卿,已经昭示新时代的政治精英的前进方向。但孙子、吴起、伍子胥、孙膑、庞涓,他们才是列国混战舞台上的主角;商鞅、李悝、范雎、韩非、李斯,他们才是列国崛起的原动力;淳于髡、苏秦、张仪、甘罗,他们才是纵横列国的明星。

孔门弟子在生前即声名显赫的,一是子贡,二是子夏,他们在很大程度上都背离了老师的谆谆教诲。子贡年纪轻轻就凭借经商积累千金,尽管他因"巧口利辞"多次遭到老师的批评,但在齐国侵鲁的关键时刻,他游走于齐、吴、晋之间,用外交辞令改变了齐国的讨伐目标,促成了吴国北上争霸,让晋国守护了诸夏尊严,最终间接为越王勾践灭吴创造了条件,使其造就了卧薪尝胆的传奇。子夏则赴魏开创了西河学派,门下教出李悝、吴起、禽滑厘等看起来和儒家关系不大的弟子。可见,乱世的现实需求也能让圣人门徒顺势而为。

士人作为社会变革时代生长出来的新群体,不仅游离于宗法封建时代的社会结构之外,也游走在四方列国,从任何层面上看，他们都是典型的流动分子。孙子本是齐国人，而助吴王成就霸业；吴起本为卫国人，侍奉过鲁、魏、楚三国；商鞅是卫国人，范雎是魏国人，韩非是韩国人，李斯是楚国人，他们前赴后继为秦国的霸业奉献了一生；张仪是魏国人，帮着秦国骗楚怀王；苏秦是洛邑人，却能佩六国相印。列国虽然在战场上你死我活，但在宫廷贵族层面却互通有无，敌我之间并非势不两立。

因此，东周列国最终的历史走向并不是由各国君主决定的，而是被游走在各国宫廷之间的士人规划的。周初的精神大一统和前所未有的开疆拓土，把"天下"这颗观念的种子种在了诸夏文明的潜意识之中。《尚书》的《禹贡》、《礼记》的《王制》，都是这颗种子的偶然浮现。《山海经》和齐地阴阳五行家们的瑰丽想象更是一种锦上添花，让人们时刻知道，世界并不是只有眼前江、淮、河、济之间的苟且混战，更有诗和远方在召唤。

战国末年，残酷的战争和赢者通吃的马太效应让人们意识到，时代到了一个关口，"天下"这颗种子重新萌发。周天子的衰微并没有让列国仅满足于盘踞一方，最高权力的观念仍然萦绕在诸侯的心头之上。齐、秦相约互称东、西帝，就是在重新召唤整齐天下的秩序，尽管这种行动本身是游士们马基雅维利式的政治技术考量，但从另一方面来说，游士们能够选择的思想资源和秩序路径，也浇灌了"天下"观念的种子，在马基雅维利式的政治博弈中，成为种子成长的沃土。

二、家学到门阀

法家的传统一向鄙视崇尚虚文的儒家、墨家、道家、阴阳家，他们认为只有他们自己才是兼具远见明察、强毅劲直的"智术能法"之士。商鞅的国家机器建设中没有给士人留下位置：社会基于核心家庭，按照金字塔的总体化方式就能组织起来；居中协调、领导者只要文法吏就足够；整个机器只需一个有思想、能思考的大脑，那就是君王。当然，考虑到君王资质往往有限，智术能法之士就能代劳这份工作。

商鞅的体制成就了秦国的霸权，帮助嬴政实现了大一统。但过于讲求实际效率的法家很少思考宇宙观问题，缺少其他诸子学说那种瑰丽的想象。秦始皇作为千古一帝，立志创万世基业，自然需要与之相配的宏大宇宙观，给他带来心理上的充分满足，就如同秦始皇陵展现出的包容日月星辰、山川大地的气魄。秦始皇需要诸家文学之士为自己的帝业增光添彩，诸家士人如今也只有咸阳朝廷这一个去处。秦置博士，官属太常，秩六百石，开启了大一统帝国立官学的传统。秦朝博士兼容并包，各家皆有参与其中，职责重在议政。始皇帝初并天下，议尊号、德运、封禅、分封郡县，涉及儒、道、阴阳五行各家思想。士人们借古非今，力求为新生的大一统皇权戴上秩序的枷锁，立刻引起李斯的警惕，"不师今而学古，以非当世，惑乱黔首"（《史记·秦始皇本纪》）。于是有了禁绝私学议政、焚烧私人百家藏书。

圣人之学本自"有教无类"，如今却只能"以法为教，以吏为师"。学问不能在民间公开传播，就只能退回到家庭。汉承秦制，大政方针虽然改弦易辙，日常治理仍然是刀笔吏走天下。汉初士人除了制礼乐，并没有深度参与实际的国家治理，勋贵与外戚才是政治舞台的主角。刘邦代表的丰沛集团具有强烈的现实和功利取向，这也和汉初黄老之术的方针暗合。汉武帝为开疆拓土而高强度汲取民间资源，需要新的统治正当性，遂有董仲舒"独尊儒术"，今文公羊学大盛，然具体实施盐铁政策的桑弘羊等人反而和学问关系不大。学问仍然主要是民间家学：士孙张学梁丘《易》，"家世传业"；韦贤治《诗》，传子玄成，玄成及兄子赏以《诗》授哀帝，"由是鲁《诗》有韦氏学"；伏理游君学齐《诗》于匡衡，从此"家世传业"；徐良游卿学《大戴礼》，"家世传业"。

在"汉家自有制度，本以霸王道杂之"的统治心法下，汉代在相当程度上仍然保持了政治与学问的疏离，士人并非政治的主力，汉代政府上有勋贵、外戚、宦官、宠臣，下有文法吏，士人从政空间的大小基本和学问在皇帝心目中的地位高低成正比。今文经学的天人感应和谶纬之说主要提供精神激励，引导雄主大胆作为。与其说它是制约皇帝的宪章，不如说它是皇帝政策工具箱中的一把斧头，最终无力收拾由它所引发的户口逃亡与土地兼并的局面。古文经学力图恢复上古三代之治,是因王莽之时社会动荡,上古之治的地位自然被拔高很多,士人从政也就有了新出路。汉家心法本质上还是"政治的归政治,学问的归学问",一旦这两者被混合起来,那就是天下大乱。王莽绝对想不到两千多年后他会被后人称赞为"穿越者",实际上他扎扎实实按照经典实行仁政之后,收获的只有一地鸡毛。

两汉之间的动乱让地方豪族成为一支新的力量,站在历史舞台中央。东汉士风大盛,有家学传统的家族累世三公,开始把学问的力量转化为政治的力量,这与社会的动乱大有关联。秦汉之际,山东六国故地经济发达,常出现富家豪族。为保证治理秩序,不至于让豪族称霸地方,秦汉皇帝大多定期征发他们,或让其到关中组成奉陵邑,充实畿辅周围,或让其远赴边疆,巩固对匈奴防线。汉武帝的开疆拓土、雄才大略改变了地方豪族的成长逻辑。大规模对匈奴作战过度汲取民力,商鞅体制中的社会细胞——小家庭自耕农——纷纷崩解。所谓"海内虚耗,户口减半",并非说有一半中原农民战死沙场,而是说朝廷能直接控制的编户齐民的数量直线下降。小自耕农为了躲避朝廷强力的赋税和徭役,主动选择将土地卖予地方大族,放弃独立编户齐民身份,亡入豪族之家变为隶农,接受庇护。汉元帝放弃汉家制度,纯任德教,为养护民力不再将山东豪强迁移至关中,进一步促进了地方豪族崛起。更多的自耕农破产之后选择成为流民,逃离国家控制，用暴力获取生存资源，地方豪族就是他们的首要抢劫对象。这种恶性循环加剧了西汉末年民间地方武装化的进程，而王莽的复古改制、裁撤兼并，既不能安抚流民，又得罪了地方豪族。于是在绿林、赤眉之乱中，地方豪族纷纷结坞自保，并期待汉家血胤重整河山。[1]汉光武帝在征服之路上，既不断与各地豪族合作，也不断打击各地豪族。

地方豪族是东汉政治的现实起点，也是东汉学问的现实起点。豪族本质上是聚族而居后财产自然积累的结果，与经学世家并不完全等同，他们行事但问乡里风评，不管虚空的道德规范约束。两汉之际天下动乱，豪族据地自保，辅助光武帝开创基业，成为新朝的军功集团，所以东汉皇权面临的首要政治问题就是如何降伏这股强大的、没有道德信仰和规范秩序约束的政治力量。总体而言，东汉统治者没有像"头铁"的王莽那样，强行推翻豪族的土地兼并，而是选择相对温和的裁抑政策，延缓豪族对皇权的反噬。在政治技术上，光武帝刘秀一方面合并郡国县邑，裁减地方吏职，减少豪族把持地方政权的可能性；另一方面罢废郡国

---

[1] 直到20世纪，黄淮平原上仍能看到流民与地方豪族的这种矛盾与互动的影子。裴宜理（Elizabeth J. Perry）在《北方的叛乱者与革命者：1845—1945》一书中，分别以捻党和红枪会为例，讨论了北方平原农民的掠夺性和防卫性这两种生存策略。捻党以中下层农民为主，农闲时即出为捻子，掠夺周边；红枪会则常常有本地地主参与，他们利用民间结社、民间宗教等方法，组织地方防卫，保卫自己的财产。

都尉和兵士，削弱地方自我武装的能力。此外，放免奴婢，分封功臣为列侯进而免除其实际官职，等等。一系列措施都是在技术层面上限制豪族做大。

力服不如心服。要想豪族不成为皇权的隐患，最直接的办法就是征服他们的内心，让豪族主动相信并遵守一套规则秩序，而儒学再次成为这种规范性力量。经历过西汉末年刘氏父子的古文经学洗礼，以及王莽十分失败的托古改制，东汉学风为之一变。东汉士人从固守一经转向博通众艺。拘泥于字面的经文解读只能带来政治灾难，融会贯通才能掌握圣人之言的精髓。地方豪族累世经营才能家大业大，经验告诉他们，实践性知识远比死抠字眼的文字性知识有用得多。故而班固认为："古之学者耕且养，三年而通一艺，存其大体，玩经文而已，是故用日少而畜德多，三十而五经立也。"（《汉书·艺文志》）西汉家学传承的经文过于追求细枝末节，文字琐碎，不足为凭，超越具体经文融会贯通才是学问的真谛。东汉经学典范郑玄遍历山东"无足问者"，北上涿郡，西入关中，经过全国游学终成贯通诸家经典的大师。在这种学风之下，非豪族富家子弟不足以承担起昂贵的游历学习成本，西汉匡衡凿壁偷光精通《诗经》终成一代丞相，这种传奇在东汉已经无法上演。

规范豪族行为的另一种手段就是家乡风评。乡土是地方豪族的根基，地方风评是豪族凝聚地方的表现，也是获得地方组织力的源泉。汉武帝推行察举制，将地方风评纳入国家政治体制之中，让其成为选拔官员的标准。到了东汉，风评标准的评判权转移到地方士林领袖手中，他们是学问上的先进，有资格品评后辈。现实的德行远重于文字经义的掌握，获得名家大师品评的后辈也就有了步入仕途的入场券。汝南许劭、许靖兄弟以品评人物而闻名，每月一次是为"月旦评"，曹操的"治世之能臣，乱世之枭雄"就出自他们之口。博学、风评、察举，这几个要素共同规训了豪族，让它从纯粹的金钱与暴力的家族共同体转向了文化、婚姻、经济和暴力复合型地缘共同体，同时也塑造了出身于这些世家大族的士人相互交游、品评的网络。

和察举制把地方风评纳入国家的政治体系中一样，九品中正制把士族品评的权力收归国家。曹操本意是以此来控制士族之间相互提携的渠道，因为他自己出身不是世家大族，统一北方中原过程中最大的敌人又是"四世三公"的袁绍，"挟天子以令诸侯"的政治伎俩还需要支持汉室的各路名士共同配合。整个曹魏家族都没有被深度卷入汉末士林的交游网络中，所以曹魏政权最精细的政治操作就是既利用又控制世家大族和士林网络。但政治平衡在曹爽时被打破了，世家出身的司马家族最后一统天下。

缺少外部竞争和内部革新的士族很快就把九品中正制变成了固化阶层的工具，所谓"上品无寒门，下品无世族"。士族之间交往的不仅是学问、品评，还有婚姻。累世之后，士族之中也分为高门、寒门。魏晋接连动荡的政局让士风走向清谈，开怀畅饮、服食药散成为魏晋名士风度的标配。对他们来说，学问既不是精专也不是广博，而是像《世说新语》那样金句迭出。永嘉之乱，衣冠南渡，王、谢大家尚能依靠部曲私兵维持政治秩序。高门大族的体面让他们占尽位高权重事少的"清官"，基层具体处理事务的"浊官"则主要由寒门和江南本地士族担任。数代人的养尊处优远离政治实践，剥夺了南渡士族最后一点权力根基。晋末权臣桓温、桓玄并非主流士族，京口北府兵作为朝廷武力支柱，其主体又是南迁流民，士族没有任何维持秩序的条件，政权转移也就不可避免。

南朝士族门阀文不能贯通经义，武不能上马杀敌，消亡是他们唯一的出路。他们的北朝"堂兄弟"因为历史的机缘，则要推迟二百余年才步入相同的命运。

三、走向科举

科举制度兴起于隋唐，完备于宋，缜密于明清，塑造了我们熟悉的中国传统社会士人群体。它集选官、教育、学问、辞章于一体，其制度精神充分发挥了孔子"有教无类"的思想，让所有读书的士人都能有平等的机会参与到政治之中。但细究起来，科举制下的士人群体已经和中古时期家学士族关系不大，甚至前者就是为了反对后者而成长起来的。

永嘉之乱后，头等士族大多南迁，留守在北方中原的次等士族面对"五胡"强大的兵力，结坞自保有余而匡扶天下不足。北方士族选择与胡族统治者合作，他们有胡族统治者急需的政治正当性理论、皇权彰显的仪式制度及国家治理的具体技术。曹魏名臣清河崔氏崔琰的曾侄孙崔悦，与表兄范阳卢氏的卢谌滞留北方，出仕后赵石虎。崔悦官至司徒、左长史，卢谌任侍中、中书监，崔悦的孙子崔宏还先后在前秦、后燕任官。博陵崔氏六房共祖崔懿任前燕慕容氏政权的秘书监。范阳卢氏北祖始祖卢邈出任后燕慕容氏政权的营丘太守，其子卢玄则出任范阳太守。

动荡的政局给北方士族带去了非常地方化的生命力，战乱之中大族自建坞堡，收揽流民，其生活形态与西周初年周人向东分封、武装拓殖高度相似。传统史学研究提出魏晋封建论，也源于战乱之中这种高度人身依附关系和家族集团经营的社会形态。这种基于血缘家族的集中居住、高度人身依附关系、武装农业经营的生活状态更类似于不同时代的人在乱世中的趋同进化。地方家族集团越发达，后来的胡族政权就越需要和他们合作。

拓跋魏历经三代君主虽一统北方中原，收拾了十六国的残局，但要维持局面的稳定只能与地方大族妥协，实行宗主督护制，承认坞堡主的地方管制权，朝廷不直接干涉地方的人口和税收。而朝廷相对于地方，资源汲取能力有限，也就无法开展有效的中央治理。北魏冯太后出身北燕皇族冯氏，作为汉人她深知中央集权对朝廷稳定的重要意义，于是推行均田制、三长制、租调制。均田制以国家掌握的大量无主土地为基础，招徕流离失所的农民耕种，让他们重新成为朝廷掌握的人口和税基。三长制与商鞅的改革类似，五家为邻，五邻为里，五里为党，各设其长，重建了由朝廷直接掌握的基层政权，打破了坞堡宗主对地方的控制，让更多农民从世家大族的荫庇中脱离出来，成为朝廷的编户齐民。租调制则规定了朝廷向普通农民征收的税率，有时有度的征收反而减轻了农民的负担，避免了此前十六国政权征发无度给地方造成的破坏。三种制度叠加在一起，核心目的只有一个，就是重新让朝廷掌握足够的编户齐民，直接汲取财政、军事资源。

冯太后的汉化政策被孝文帝推向了新高峰。鲜卑贵族在南伐与迁都之间的抉择表明，他们已经开始习惯于享受和平红利，暴力征伐不再是他们的职责。于是接下来的汉化改革阻力也就小得多了：汉服代替鲜卑服，汉语代替鲜卑语，汉姓代替鲜卑姓，以南朝典章修改北魏制度。孝文帝还设立汉四姓、勋臣八姓，意图将正当性从士族大姓转换为朝廷。孝文帝自己就娶了陇西李氏、范阳卢氏、清河崔氏、荥阳郑氏、太原王氏五大家族的女子为嫔，这既是用高门大姓提升北魏皇室的社会地位，也是用皇室的政治权力加持北方士族的影响力。

然而，汉化的洛阳朝廷忘记了仍然驻守在阴山沿线的六镇边民，他们是北魏最具战斗力的群体，此时却和朝廷产生了政治、文化、阶层、经济上的全方位裂痕。六镇本为防备草原柔然部落所设，主要由未汉化的鲜卑部族和发配边地的胡化汉人组成，这些人仍然保持着部落式的社会组织和半农半牧的生产经营方式。在汉化改革的大潮下，他们丧失了政治特权和社会地位，"号曰府户，役同厮养"（《北齐书·魏兰根传》），缺乏通向朝廷的上升空间。同时，阴山沿线脆弱的自然环境又让六镇地区的经济生产较为匮乏，短时期内连续恶化的气候进一步加剧了六镇内部的社会矛盾。在朝廷与六镇之间缺乏正向的政治和经济循环的情况下，暴乱很容易如星火般燎原。

六镇之乱撕裂了北魏，此后诞生的东魏－北齐和西魏－北周两组政权各自代表了六镇中两种不同的传统。高欢是胡化汉人，宇文泰则是未汉化的鲜卑人。相比而言，高氏政权坐拥关东、河北富庶之地，经济发达，兵强马壮，强于征战，又有北方大士族支持，占尽先机。无奈高氏自身荒唐透顶，给了宇文氏机会。北周立国关键不在于士族的文治，而在于八柱国将军的武功。关陇集团有带有很强部落色彩的府兵制的支持，本质上还是一个武力征服集团。《周礼》本是作为征服者的周人进行武装殖民时的规范指导，宇文氏以《周礼》统合鲜卑六军，让胡人获得里子、汉人获得面子，资源有限的西魏－北周反倒整合出更大的力量。

士林第三

杨坚代周和李唐代隋两次政权更替充满了故事色彩，成为日后说书人取之不竭的故事来源，但是从政治延续性上看，这两次更迭并无太多革命性变化。关于这一时期的政治势力，后人有论："山东之人质，故尚婚娅，其信可与也；江左之人文，故尚人物，其智可与也；关中之人雄，故尚冠冕，其达可与也；代北之人武，故尚贵戚，其泰可与也。"（《姓系论》）纵观隋唐第二次大一统王朝，来自关中的武功勋贵集团和来自山东的文化士族集团的矛盾仍旧是重点。封闭的婚姻圈是北方士族在乱世维持自己阶级地位的手段，这个惯性被延续下来，以至于唐太宗求婚不得。唐高宗想以政治命令禁止陇西李氏、太原王氏、荥阳郑氏、范阳卢氏、清河崔氏、博陵崔氏、赵郡李氏等七姓十家自行通婚，然事与愿违。唐太宗修《氏族志》，武则天颁《姓氏录》，都是想重新划定天下姓氏位阶，一则提高皇室威严，二则扶植寒门士族。但两三百年的社会惯性并不会因为一两次政治命令就能转变。

既然高门士族安身立命之本是知识垄断，那么打破他们社会地位的办法就是在相同的赛道上培养出一批有竞争力的对手。科举这种选官制度在武周和李唐有了别样的意义。武氏家族自己在关陇集团内部也排不进核心家族，武则天之父行商出身，可谓是寒门中的寒门。在争夺皇后大位时，武则天把关陇勋贵们得罪了个遍，称帝之后她需要在关陇勋贵和山东高门之外寻找新的政治力量。科举取士就像此前的察举和九品中正，成为她寻找新政治同盟的阶梯。武则天在科举中首创殿试、武举，赋予科举取士极高的政治地位，开拓寒门在文武两个方面的向上流动途径。皇帝钦点状元，让士人的学问评定与皇权挂钩，从此知识参与政治的正当性需要来自皇权的认可，一举扭转了汉代"独尊儒术"以降知识学问系统作为社会秩序来源的独立地位。

这一革命性举动的结果到一百多年后才逐渐显露。陈寅恪认为，晚唐时期贯穿四十余年的"牛李党争"，就是以牛僧孺为首的新近科举进士力量，与以李德裕为首的山东士族力量的对抗。科举取士的官僚群体，首次登上了政治舞台的中央。

四、回到儒林

制约皇权的勋贵集团和高门士族相继退场，科举官僚与皇权的关系成为宋代以降近一千多年中国政治的主线，这也是当下人们所熟知的中国传统社会知识与政治的关系。科举制度设立之初，目的是为皇权寻找同盟者，而当二者共同对付的目标相继退场后，科举官僚对皇权的制约作用就浮现出来。高处不胜寒的皇帝只能孤身一人面对庞大的官僚集团，既要保证大权独揽，又要寻找新的可靠的政治盟友。

宋代以降的科举士子在精神底色上更接近于先秦士人，他们都秉持着文字知识，寻找合适的政治买家，唯一不同的是大一统王朝的科举士人只能把自己的知识售与帝王家，先秦士人的潜在买家却有很多。文字知识很容易让士人丧失现实感，在这个层面上，科举士人就要比山东士族差很多，毕竟后者要考虑如何在乱世之中有效地稳定维持地方秩序、保护家族、开展生产。

宋代是科举士人的黄金时代，也是儒家知识的黄金时代。此时知识尚未沦为应试工具，所取之士大多成为朝廷的骨干栋梁。宋代科场群星璀璨：范仲淹是宋真宗大中祥符八年（1015年）乙科第九十七名进士，欧阳修是宋仁宗天圣八年（1030年）甲科第十四名进士，王安石是宋仁宗庆历二年（1042年）甲科第四名进士，司马光是宋仁宗宝元元年（1038年）甲科进士，苏轼是宋仁宗嘉祐二年（1057年）乙科进士，黄庭坚是宋英宗治平四年（1067年）进士。宋代士人的辉煌很大程度上也来自皇权的自我克制。宋太祖在太庙勒石立誓，将"不杀士大夫"定为家训国策；到神宗时，"与士大夫治天下"已经成为公认祖制。

宋代君臣相处和谐，关键在于他们各守其分，皇帝不会因为个人的意愿而折罚大臣，大臣也勇于给皇帝划定边界。宋神宗为陕西战事失败寻找责任人，欲斩杀转运使，宰相蔡确以"祖宗以来，未尝杀士人，臣等不欲自陛下始"相阻拦。神宗甚至连将其刺配边疆也不得，无奈道："快意事更做不得一件！"副宰相章惇回道："如此快意事，不做得也好。"宋哲宗幼时偶折柳枝为戏，程颐正色指谏："方春发生，不可无故摧折。"（春天刚刚长出的枝丫，不得无故摧残。）

正是在这样相对宽松的环境中，宋儒才敢于大胆畅想，融汇各家学说，成就理学开端。科举兴盛也为私人讲学创造了市场。在宋代，书院这种民间教育机构流行开来。周敦颐创办江西庐山濂溪书院；二程兄弟在嵩阳、扶沟设学校讲学，自建伊皋书院；陆九渊创办江西贵溪象山书院；朱熹游走于岳麓书院、白鹿洞书院，讲学五十余年。可以说，宋代构建了士人与政治互动的理想模型，但这个模型在后来的历史中再也没有出现过。

元代是一个具有世界性意义的朝代，蒙古君主并不拘泥于某一类型的意识形态。忽必烈手下的最大能臣是回回人阿合马，他开铜矿、收盐税、推钞法，为忽必烈征服东亚大陆提供源源不断的财政保障，这种行政理念显然不符合儒家规范。元朝统治者在统一后的很长一段时间内都没有举行科举，直到皇庆二年（1313年），元仁宗下诏恢复科举。从这一年到1368年元朝灭亡，55年间共举行16次科举，选举蒙古、色目、汉人、南人进士1100余人，数量较前代大为减少。元朝粗放的行政系统，使其官员数量远少于充斥着冗员的宋朝，其选拔方式主要靠世袭、恩荫和推举。作为征服者，他们也不需要有什么施政顾忌，儒家的天命观在他们眼中和八思巴的佛法、长春真人的道术、回回人的真主并没有什么差别。

儒家思想再次获得政治主导地位要到明朝。朱元璋没有"与士大夫治天下"的气度，但他能依靠的国家治理团队只有儒家士人。明代政治最大的变数就是取消相权，六部直接从属皇帝，皇权专制大大加强。但这也迫使皇帝直面百官，没有了宰相居中调停，君臣矛盾始终是明朝难以解决的制度性问题。明武宗不顾群臣劝阻，恣意妄为，留下恶名；明世宗因"大礼议"在皇帝生涯之初就和百官闹僵，后来索性闭关修道；明神宗因群臣"争国本"而倦怠上朝。明太祖之后，朱家皇帝再也没有这么强的工作能力，于是内阁渐成。内阁上辅佐皇帝，下统领六部，虽无丞相之名但有丞相之实。内阁制为皇帝遥控百官提供了办法，明世宗、明神宗爷孙俩秉持"吵不过就跑"的原则，索性数十年不上朝，从物理上杜绝了皇帝与百官冲突这个难题的发生，而国家运转大体如常，全靠内阁周转。

在皇帝直面百官的局面下，皇帝必须找到一个合适的同盟者。此时已经不是中古，社会之中再也没有相对独立的阶层群体能够担纲权力一极的角色。所以，只能在朝廷既有体制中安排一个角色，这就是宦官和特务机构。宦官的好处就是他们只听从皇帝一人，皇帝是他们在这个世上存在的唯一意义。他们和皇帝有非常强的私人人身依附关系，是天然的奴才。监察百官、刺探消息的厂卫由宦官掌握自然最为合适。于是明朝的政局呈现出特别变态的平衡关系：皇权、厂卫、百官三足鼎立。相比而言，中古时代皇权、勋贵、士族的三足鼎立，或者宋代皇权与士大夫的二元对立，看起来都更能拿得上台面。

晚明江南从洪武体制中走出来，民间出版、讲学大兴，国内政治畸形和边疆现实压迫使得民间思想极为活跃，流派众多，也留下了门户之见的恶习。明末党争既有朝局内阉党恶行的因素，也有朝局外学风日盛的贡献。清初张烈就反思道："夫明之亡，亡于门户；门户始于朋党；朋党始于讲学。"（《王学质疑》）宋代党争尚有熙宁变法的背景，以及从经义之争转向小人君子之争的过程。明代士人在一开始就站定小人君子势不两立的立场，东林党与非东林党在神宗、光宗朝三大案中就有斗争端倪，而熹宗朝魏忠贤擅权，把这一斗争推向了高潮。皇帝既不能压制百官的争论，百官也不能在党争中提出有效的协调机制，结果面临内乱与边患进退失据，最终明亡。

清朝统治者深刻吸取明朝教训，作为边疆民族入主中原，一则恢复科举招揽天下士人，二则用文字狱钳制思想。相应地，民间学术在清代前期也出现了明末遗民之学和乾嘉考据之学两座高峰。遗民之学尚实，意在突破晚明党争之中互相扯皮、毫无治国能力的弊端；乾嘉考据之学也尚实，意在规避义理之论和华夷之辨可能存在的政治风险，回归纯粹的文字与器物考证。迅速恢复的经济也为民间学术提供了生活空间，官场功名和士林学问逐渐分道扬镳。《儒林外史》托古言今，名义上写明朝的事，实际上，反映的是清朝的状况。科举成为有独立规则的场域，八股制艺几乎与真正的学问无关，层层考试后的交际应酬是官场社交的演练。

在这种情况下，步入官场的士子们遇见的首要问题就是科举应试知识和现实国家治理的脱节，幕僚师爷和下层胥吏是其必不可少的帮手。这同时也是社会治理复杂化的现实需要，清代人口爆炸，但正式职官数量有限，大量现实工作只能交由这些处于非正式职位的人处理，他们是真正意义上最早的"技术官僚"。在清末洋务运动中，正途科举士子不屑于从事的洋务技术工作，大部分还是由地方督抚的幕僚完成，而后者成为早期现代化第一批企业家、技术人员、买办。在"老大帝国"艰难转型的过程中，士林边缘人物成为新时代的担纲者，只是跨时代转变要求太高，他们不能独自完成。

士林，起于私人学术，终于帝国官僚，这是文治大一统国家的宿命。我们一般理解的自由讲学、书院学习、考取功名的士林形态是在宋代以后逐渐形成的。先秦游士、两汉家学、魏晋门阀士族，都是儒家知识在不同时代的不同形态担纲者。相比于历代职官制度的变化，士林的形态转变是我们理解大一统国家维持和治理的更为关键的钥匙。

参考文献

钱穆. 国史大纲（全两册）[M]. 北京：商务印书馆，2010.

阎步克. 波峰与波谷：秦汉魏晋南北朝的政治文明 [M]. 北京：北京大学出版社，2009.

田余庆. 东晋门阀政治 [M]. 北京：北京大学出版社，2012.

王仲荦. 魏晋南北朝史 [M]. 上海：上海人民出版社，2016.

吴铮强. 科举理学化：均田制崩溃以来的君民整合 [M]. 上海：上海辞书出版社，2008.

邓小南. 祖宗之法：北宋前期政治述略 [M]. 修订版. 北京：生活·读书·新知三联书店，2014.

孟森. 明清史讲义 [M]. 北京：商务印书馆，2011.

川胜义雄. 六朝贵族制社会研究 [M]. 李济沧，徐谷芃，译. 上海：上海古籍出版社，2018.

谷川道雄. 隋唐帝国形成史论 [M]. 李济沧，译. 上海：上海古籍出版社，2011.

延伸阅读

陈苏镇.《春秋》与"汉道"：两汉政治与政治文化研究 [M].

北京：中华书局，2020.

唐长孺.魏晋南北朝史论丛[M].北京：商务印书馆，2010.

周一良.魏晋南北朝史论集[M].北京：商务印书馆，2020.

顾诚.南明史[M].北京：北京日报出版社，2022.

谷川道雄.中国中世社会与共同体[M].马彪，译.增订本.上海：上海古籍出版社，2013.

方域第四

方域殊风壤,分野各星辰。

——《公馆燕酬南使徐陵诗》

方域第四

儒家文明主导的汉字文献，记载了长达两千余年连续不断的历史，这个历史的空间结构是一个以中原农耕区为核心的同心圆，文明程度与中央王朝的治理必要性按照距离远近逐渐递减。在中原最早得到开发的周代形成的空间观，影响了此后中华文明的自我认知。共享相同宇宙观的儒家士大夫把持了中央朝廷的文化权力，在大一统的事功和道德的双重诱惑下，不断抹除"地方性知识"。所谓移风易俗、以德化民，就是将不同自然条件、不同地理条件下形成的地方性秩序统合为同一套秩序体系。

顺滑的历史叙述掩盖了"不牢靠的胜利和难以承受的失败"，用儒家语言讲述十六国的朝廷或者辽金元历史，总有一种看穿着汉服的圣母玛利亚的不协调感。归根结底，作为历史叙事的主体，我们太过沉浸于单一文明的话语体系，而或有意或无意地忽视了其他文明秩序理解历史的逻辑。一切异质性文明要素进入中央王朝的世界中都要被转化为可被理解的形式，就像清代职贡图中"大西洋国"的商人和朝鲜王朝的使臣同处一列。只有国家能力无法维持这种政治表演时,文明的虚伪才会浮现。强烈的自我取向是每一个普遍主义取向的轴心文明必备的特性,这种取向使文明在上升期表现出自信,在衰败期表现出颟顸。要想在轴心文明中植入开放包容的基因,人们在一开始就应该自觉认识到自己所处的文明本身就是一个多元复合体。

认知自然地理的现实差异是过度以自我为中心的良好解药。我们常说,鱼儿跃出水面的那一刻,才会知道自己是生活在水中,因为它有了空气做比较。同样,中国历史的展演空间中存在多个自然地理条件差距悬殊的地区,这些地区间最重要的分界线就是长城。中原人跨越长城远赴塞外,就像鱼儿跃出水面,在此时才会对自身文明秩序有着深刻反思。只有当我们站在塞外,背向西风望着长城,才能深刻体会到儒家的伦理实践在草原、绿洲、高原地区的无力。有了这些非中原中心观的视角,我们才能理解,真实的中国历史,并不是单一的儒家文明从中心地区不断扩张从而成就今天的疆域与人口的历史,而是东亚大陆上不同自然地理区块以及这些区块生成的自身文明秩序相互磨合、相互交融的体系史。

不同自然地理区块相互磨合的中介性要素就是财政-军事汲取能力和相应的制度。军事能力体现在自然地理条件形塑的战争技术和习惯上,北方的骑兵不适于南方河网纵横之地,南方的水军不适于北方干燥广袤之地；赵武灵王胡服骑射是伟大的军事改革，曹操在赤壁只能望江兴叹。财政能力则体现在政府与地方社会的博弈能力，不同的地理结构与气候条件，会决定何种实体经济是最有效率的，从而决定了不同的税基形式及征收成本。不同的地理结构也决定了政府控制社会的成本会大有差异，控制山区社会或海洋社会的成本就远远高于控制平原社会，商鞅变法夷平秦国内部封建贵族势力，秦始皇只依靠八百里秦川沃野的财政汲取就能征服山东六国；汉武帝平夜郎国设牂牁郡，然直到雍正时贵州才实现改土归流。

如果局限于中原视角，我们只能得出基于自身经验的历史结论："草原帝国能够稳定统治中原是因为他们汉化。"然而真正全盘汉化的草原王朝就只能落得北魏内乱的下场，稳定的统治一定具有复杂的逻辑。入主中原的草原帝国不可能脱离中原农耕区庞大财富带来的政治影响，同时也不可能完全抛弃自身的文化、政治传统。跨越长城内外不同地理区块的普遍性帝国一定吸纳了中原、草原乃至高原、绿洲等多种政治生态与文化，所有这些文化彼此之间相互重构，互为对方的外生变量，打破了各文化区域原来的内部和外部均衡，重建了一种更大的、更具普遍性的内部均衡。只从中原视角来看，当然会认为草原帝国的成功源于汉化，但跃入一个更高层阶的视角，才会有更具解释力的结论。

因此，塞外之地和中原地区作为一个体系的多元互构，才展演为完整的中国历史。

一、草原

长城以北的草原，有着与中原截然不同的秩序逻辑。降水量的不足阻碍了这里农业的发展，人们只能以游牧为生。这意味着草原政权无法像中原的帝国一样建立起庞大的官僚体系与中央财政体系。官僚体系和中央财政体系互为条件，国家通过官僚征收赋税，通过赋税养活官僚。但这套体系运转的前提是赋税征收的成本必须小于税收本身，这只有在定居人口可以被政府控制、成为编户齐民的情况下才有可能。草原上游牧者逐水草而居，生活高度流动化，单一的生产形式让游牧统治者只能向牧群征收赋税，费尽力气地吞并牧群还不如抢夺肥美牧场壮大自己的牧群来得实在。高昂的征税成本和单一的税收内容让草原无法建立起中央财政体系，也就没有官僚制的出现。

没有官僚制，就没有超越血缘团体的大规模治理，这就注定草原社会的基本单位始终是基于血缘亲属的游牧生产共同体，这种小规模部落只依靠熟人关系就能管理。同时，这也就注定部落只能不断地分化，始终维持在熟人管理的规模层次，无法依靠官僚体系按照规则形成跨越血缘、地缘的抽象治理系统。

　　草原社会的另一个突出特点就是生产不能自给自足，游牧者有着天然的交换冲动。草原物产资源有限，除了肉、奶等少数产品外，游牧者需要的多种生活资料都要从农耕地区获得。身处战国乱世的诸侯国非常愿意参与到这种交换中来，因为草原能提供军事竞争中最重要的物资——马匹。诸侯国之间会竞相与草原贸易，竞争的存在让草原部落可以获得基于市场均衡价格的贸易条件。然而一旦中原统一，市场竞争不在，中央帝国就可用政治手段规定很离谱的贸易条件，甚至关闭贸易。草原上诸多小部落面对这种状况，无法再以贸易手段获取必需物资，就只能联合起来，以暴力来掠夺。单个小部落面对庞大的农耕帝国无能为力，诸多小部落便会联合起来成为部落联盟，于是强大的游牧帝国出现了。秦统一天下之前，并没有出现过什么强悍的草原民族，历史记述多半是他们被中原诸侯国利用来与其他中原力量对抗。比如，周幽王"烽火戏诸侯"时，申侯便引犬戎。在秦统一之后，蒙恬向北出击，"却匈奴七百余里，胡人不敢南下而牧马"（《过秦论》），匈奴也并不强悍。但是到了西汉，一个强大的匈奴帝国仿佛从天而降，突然屹立在北方。

　　诸部联合起来形成的草原帝国，其人口仍远远少于中原帝国，主动胡化的汉人中行说曾对匈奴大单于说，"匈奴人众，不能当汉之一郡"（《史记·匈奴列传》），然而其战斗力在一般情况下却强过汉帝国，原因在于：一方面，草原军队以骑兵为主，机动性远超中原军队；另一方面，草原部落是生产、生活、战斗合一的单位，战斗效率高，后勤压力低，整个草原都是他们的主场，远非中原军队可比。更重要的是，对于草原帝国来说，由于物产的单一性和天然的交换需求，战争近乎是净收益，抢到就是得到；对中原帝国来说，由于物产自给自足，战争则近乎是净消耗，两边的战争收益和欲望大不相同。因此，草原帝国会对中原帝国构成单向的巨大军事压力。

面对逐水草而居的部落民，草原帝国的统治者仍无法建立基于赋税的中央财政体系，但是他可以掌握从中原抢来的战利品的分配权，从而使草原帝国衍生出一种类中央财政体系。这种基于战争掠夺的财政能力既不稳定，又不足以支撑草原首领直接管理各个部落的民众，所以游牧部落仍然是草原帝国的基层组织单位，帝国更多的是一种部落联盟。一旦草原首领带领联盟同中原征战的能力不足，则那点可怜的中央财政也难维持了，草原帝国就很容易瓦解。北元朝廷覆灭后，明朝的北方草原一直没有形成庞大持久的游牧帝国，根本原因就在于明朝的强硬军事政策，使得蒙古大汗的南下战争多无功而返，更无法联合起诸多蒙古部落。草原的态势同样会形塑中原社会，明朝基于特定的意识形态坚持强硬政策，选择进行高成本的战争，而不是开展成本更低的贸易交换安抚草原，持续的边境紧张造成中央朝廷过度汲取民间资源，强化了皇权专制，弱化了民间的自生秩序，所以明代的民间繁荣远不如宋代。

草原帝国之所以不稳定，除了财政因素，还有政治形态的问题。在作为部落联盟的草原帝国里，部落盟主无法乾纲独断，必须尊重同盟的小部落领袖的意见，因为盟主事实上没有强迫小部落领袖无条件服从自己的绝对能力，这造就了草原帝国常见的军事贵族民主制。无论是契丹的八部大人推选首领，还是蒙古部落的忽里勒台大会选举大汗，都是这种军事贵族民主制的表现。

草原帝国的现实要求决定了他们能采用的政治继承制度和中原王朝并不一致。草原帝国的首领必须能征善战才能维系部落联盟的统一，一旦大可汗没有战斗力，部落联盟必会解体。同时，小孩子不一定能征善战，大可汗由于常年处在战争当中又无法确保其去世时儿子已经成年，所以草原帝国的首领继承规则通常是兄终弟及，而不是父终子及，以确保首领始终是拥有强大战斗力的成年人。但是到了立国首领这一辈的兄弟全部去世之后，该由谁来做可汗呢？子侄辈中有机会的不止一个，但又不可能全都继位，于是部落联盟就会分裂，发生内战。草原帝国周期性的继承危机，会导致帝国的分裂瓦解。纯粹的草原帝国少有延续过百年的，这是受立国首领兄弟一辈的自然寿命所限；待他们全都去世之后，下一代便一定会发生分裂。只要草原帝国发生分裂，原本武力上不是其对手的中原帝国便会获得分而治之的机会。汉对匈奴、唐对突厥的克服，从根本上来说并不是武力征服，而是等到草原帝国出现继承危机而发生内部分裂时的趁机分化和利用。

草原首领的英雄特质，不仅需要现实上的战功，还需要精神上的认可，这种神性来源于他们所能接触到的各种文明体系。就其自身来说，简单的萨满信仰就已经足够。《周书》记载突厥人确立可汗，要将选出的人置于马上狂奔很远的距离，待其从马上颠落，再用白绫缠其颈用力勒，勒至濒死状态时问他，"你能做几年可汗"。这种濒死状态下的回答，便不被视作他本人的意志，而是通过他的口表达出来的天神意志。在这种状态下，草原帝国内部每个小部落的首领，其权力的终极正当性来源也都不是某个上级，而是超越于现世之上的力量，这是贵族制的一个基本特征。

所以，草原社会无法出现以官僚体系为前提的集权秩序，而始终保有基于其传统的自生秩序，保有一种原初性的自由。这里所谈的自由指的就是，人们所生活于其中的秩序是自生的，而不是外赋的。草原上保留着人类本真的淳朴与原初性的激情。

二、西域

从自然地理角度讲，西域是广义的中亚的一部分。所以对西域的分析，可以从中亚开始。在欧亚大陆的视野下，草原游牧与平原农耕"相爱相杀"的历史现象，大致沿着纬线分布，从东亚一直到小亚细亚半岛的大陆上被一再复制。在东方，这对关系统合于清帝国，延续了近270年；在西方，这对关系统合为奥斯曼帝国，从其攻陷君士坦丁堡算起，延续了460多年。东、西两个帝国都堪称长寿。但是唯独在中亚，虽然也有这样一种共生关系，却几乎没有可资记忆的大帝国，察合台汗国、帖木儿帝国都是转瞬即逝，此后就是各路混战和英俄之间的大博弈了。

如果牢记国家形态的根本是基于自然地理条件的财政体系这一原则，中亚的这种历史现象也就能够得到解答：欧亚大陆上可供大规模定居的宜农土地，比较集中地存在于东西两端；而中亚可供定居的宜农土地，都是以散落绿洲的形式存在的。绿洲地区的农业，不可能支持规模足够大的物质财富积累，以供养起一个强大的中央政府，进而支持一个帝国。

清帝国和奥斯曼帝国这两个非典型草原帝国之所以长寿，是因为帝国领袖在征服了农耕地区之后，把庞大的财富转化为自己手中强大的中央财政体系，军事贵族制便被赎买掉了，周期性的继承危机也被破除了。而中亚的绿洲农耕地区，其积累的财富规模太小，不足以支撑征服了中亚地区的草原帝国领袖去赎买军事贵族制。周期性的继承危机在这里仍然存在，中亚也就没有长寿帝国。即便强大如帖木儿，他所建立的帝国在他去世后也迅速分崩离析。

统治中亚的帝国崩溃后，中亚历史会进入一段相当长的动荡期，各路草原英雄纷纷登场，却难以留下清晰的历史面貌。因为中亚帝国忽生忽灭，很难留下可靠的历史记录，只有周边长寿的轴心文明帝国的记述才能让他们在历史中留下些许印记。所以，中亚的政治史以"失序为底色、有序为插曲"，与欧亚大陆东、西两边的"有序为底色、失序为插曲"形成鲜明对照。这再一次印证了，地理是历史逻辑的一个根本约束条件，它就像一条河道，并不会规定历史长河该如何翻腾巨浪，但是作为约束条件规定了历史长河大的流动方向。

沿着天山—锡尔河大致划一条线，可以构成中亚地区基本的农牧界线。这条线以南是定居性地区，兼营农耕与商业，以北则是游牧地区。南北两个部分，构成游牧-定居的共生体关系。此外，在中亚东部的天山西北麓有一块独特的地方叫七河流域。七条河流在这里注入巴尔喀什湖，连接、兼容中亚的游牧地区与定居地区。这里拥有世界一流的草原，同时也具备上好的农耕条件。这里也有中亚东部数个历史名城，如巴拉沙衮、碎叶、伊犁。由七河流域出发，北可以驭草原，南可以控绿洲。这里堪称王者之地，历史上有诸多重要的中亚王朝定都于此。从早期的乌孙，到后来的西突厥、喀喇汗王朝、西辽、察合台汗国、准噶尔汗国等；甚至清朝平定南北疆之后，部署此地的最高军政官员伊犁将军，也选择驻跸此处统治南北疆。

以帕米尔高原为界，中亚亦可进一步分为东、西两个亚区域，西部的核心是阿姆河、锡尔河与咸海围成的绿洲之地，东部是有天山、昆仑山雪水滋润的新疆地区。这两个亚区域虽同属中亚，但在历史上很少属于同一个政治实体。帕米尔高原极大提高了跨高原统治的行政成本。强大如西突厥，统治中心位于七河流域，也难以持久地占据帕米尔以东。后来一度囊括几乎整个中亚的喀喇汗王朝、察合台汗国，都是在短暂的统一后就分裂为东、西两个部分。重心在帕米尔以东的准噶尔汗国、清朝，都没有持久地统治帕米尔以西的中亚地区。可以说，帕米尔高原构成了帝国的天然疆界。高原的东、西两边，各形成一种次级的南—北方向上的游牧-定居关系。

因此，中亚在空间和时间上是双重破碎的，这带来两个结果：一方面，中亚无法成为轴心文明的孕育地；另一方面，在中亚难以形成强有力的本地政权来保护它，总是需要外部力量进入当地以形成秩序。这种外部力量，或是来自北部的游牧地区，或是来自大陆四周的轴心文明帝国。然而草原帝国自身本就难以长久维持，大陆边缘的轴心文明帝国直接统治此处的成本又过高。

于是中亚总能在外来的秩序规定中找到自主的空间，无论外部力量来自何处，都要服从中亚的区域特征，使它在政治上有着不同于周边区域的主体性。这并不是因为周边的轴心文明帝国足够雍容和大度，乐于承认它的主体性，而是帝国面对自然地理条件的硬约束，不得不接受这样一种统治原则。

纵使轴心文明帝国派遣军队征服当地，谋求直接统治，前去完成征服的军事首领也会迅速地从该帝国中自我剥离出来割据自守，再次形成一种事实上的自治。前秦时苻坚派大将吕光西征，结果吕光到了龟兹（今新疆库车）一度就不想回来了，意图割据当地。至于帕米尔以西的中亚，它被阿姆河以南的轴心文明帝国统治的时间更是有限。公元前300多年的亚历山大帝国，8世纪初期的阿拉伯帝国，这两个帝国在此统治的持续时间都很短暂。直到沙俄及至苏联时期，圣彼得堡、莫斯科依托现代技术能力，才形成对此地近200年的稳定统治。

破碎的地理条件，还使中亚保留下欧亚大陆周边轴心文明帝国被消弭掉的自由，这实在难能可贵。这种得以保存的自由，不仅体现在中亚草原帝国的军事贵族制始终未被赎买的现象中，也体现在中亚定居地区的诸多城市，既彼此互不统属又不长久地被外部世界直接统治的现象中。一个个城市的独立性，保障着人类最原初性的意义上的自由的存续。集权秩序在这里难以持续，一个个互不统属的自治共同体维持着一种超越单个绿洲城市之上的自生秩序。这不是基于哲学原则人为设计出来的自由，而是人类在社会-风俗意义上的本初自由。

中亚地区的自由特征，让这一地区天然地适合贸易，"自由通道"就是中亚地区的世界性历史命运，其时空破碎性造就了它的这种命运。中亚因此有了一系列以经商而闻名的定居城市：两河流域的花剌子模、撒马尔罕、布哈拉、玉龙杰赤，天山南麓的喀什噶尔、和田、叶尔羌、库车、鄯善，等等。中亚的商人群体一直到到中世纪都大有作为，虽然他们要依赖于草原帝国的保护。中古时代的粟特人有赖于突厥汗国的保护，他们的商业活动也反哺了突厥汗国军事征服中的后勤运输乃至战争融资。粟特人成为突厥人最重要的参谋，他们帮助突厥人制订外交方案，规划军事战略，因自己的商业需求，而试图引诱突厥帝国去与拜占庭帝国建立联盟关系以打压波斯萨珊王朝；除突厥外，他们也帮助回鹘汗国策划如何压榨安史之乱后国势中落的唐朝等。在中亚伊斯兰化之后，信奉摩尼教、祆教的粟特人淡出历史舞台，继之而起的是萨尔特人，这很可能就是皈依了伊斯兰教的突厥化粟特人。11世纪，萨尔特人形成庞大的商人团体，其发行的支票甚至比政府的支票的信用度还要高，以至于"check"（支票）这个词最初是在这里出现并作为外来语传入欧洲的。这个庞大的商人群体，不受中亚走马灯般的政治变换之影响，一直主导着跨境商业活动。欧亚商路上，运输的商品可能很多产自中国、波斯、阿拉伯，但真正从贸易上控制这条道路的是中亚商人。

发达的贸易带来较高的人均财富量，但由于中亚地理空间破碎，总体财富量很小，无法支撑起中央集权的帝国。欧亚大陆边缘的农耕区有着持久稳定的财政支持，孕育了一系列轴心文明帝国。帝国集权秩序的政治力量会压制文明本身的发展，使得文明的可能性无法被充分释放。中亚地区同样有文明的需求，作为贸易和战争的自由通道，大陆边缘的轴心文明很容易传播到这里，这给中亚带来世界性的眼光，较高的人均财富量也让中亚人有余裕来思考这些文明所提出的问题。诸文明在这里实现自由的精神竞争，充分释放出人类思考的可能性。

比如，诞生于印度的佛教，通过中亚才传播到中国，而中亚地区的佛教与印度本土的佛教有诸多不同，佛教文明的多种可能性呈现了出来。这些鲜活的精神要素传入东亚地区，对东亚的影响与改造是全方位的。再如，3世纪诞生于伊朗高原的摩尼教，在波斯本土命运多舛，无法摆脱与政治之间的复杂纠缠。摩尼教逐渐传入中亚的河中地区，在6世纪后期，中亚摩尼教宣布与巴比伦的总教会脱离关系，独立为"电那勿派"。嗣后摩尼教在东方获得了更大的世界，成为回鹘汗国的国教。

中亚虽然不产生轴心文明，但它却是轴心文明的挪亚方舟。轴心文明的力量在这里得以真正地释放与壮大，并在轴心文明的母邦因帝国的衰朽而陷于颓靡之际，反哺母邦，为人类的文明重新带来活力。前面曾经提到,中亚的政治史以失序为底色、有序为插曲,但是中亚的经济-社会史则刚好反过来,以有序为底色、失序为插曲。

三、雪域

雪域高原号称地球"第三极",其特殊的地理结构限制了它政治发展的成熟度,在古代形成了中国疆域内独一无二的以宗教为基本整合逻辑的秩序,并因此深刻影响了草原。

雪域高原的地理特点就是自北向南排列着一系列东西向的巨大山脉,山脉间是盆地、高原和谷地。昆仑—祁连山脉、唐古拉山脉、冈底斯—念青唐古拉山脉、喜马拉雅山脉、喀喇昆仑山脉,这些巨大山脉向西汇聚在帕米尔高原,向东分割了青藏高原。而帕米尔高原向东北延伸向天山山脉,向西南延伸出兴都库什山脉,这又构成了雪域与中亚的界线。这些高大的山脉构成了一道天然屏障,阻碍着海洋水汽的输送,在物理意义上决定了低海拔的西域与高海拔的雪域这两种特殊的社会生态。雪域的山间河谷地区,构成了海洋水汽进入的若干通道,曲折而至的水汽转化为高山积雪,融雪便成为西域绿洲所依凭的水源,也成为一系列世界级大河的源头。

山与水的这种关系,将雪域高原切割为若干个地理亚区域,成为文明传播通道的约束条件。从大区块上,雪域分为安多地区、康巴地区和卫藏地区。俗语有云,"安多的马,康巴的人,卫藏的法",这正体现了这几个区域的人文特点。

安多地区主要指今天的青海大部、甘肃甘南地区和四川西北部,这里是高原上最重要的游牧区域,茶马贸易中的"马"主要来自此地。安多地区还提供了丝绸之路上一条重要的通道,即青海道,由此道可抵西域。

康巴地区包括今天的西藏东部、青海西南部、四川西部、云南西北部等,属于雪域高原与西南地区的过渡地带,也是从中原进入雪域高原的一个重要通道,尤其是在明清之际,其重要性更加凸显。此地山高地险,商贸频繁,资源争夺激烈,故而民风剽悍。

卫藏地区,是"卫"与"藏"以及阿里地区的合称。"卫"是藏语"中心"的意思,意指西藏的中心区域,后来又被称为前藏地区,以拉萨和山南地区为中心;"藏"则指后藏地区,以日喀则为中心。前藏、后藏都属于东流的雅鲁藏布江流域,阿里则属于西流的印度河流域。冈底斯—念青唐古拉山脉横亘于卫藏内部,山脉以南是重要的河谷地区,能够享受到穿越雅鲁藏布大峡谷而来的印度洋水汽,这里气候相对较好,适宜发展农业;山脉以北,各个方向的大山挡住了海上的水汽,导致这里自然条件恶劣。稳定的农业生产带来相对发达的经济，卫藏是西藏的政治、文化中心，后来也是藏传佛教的宗教中心。

雪域高原上最早与中原发生较多实质性关联的是安多地区。汉武帝时西逐诸羌，开始了中原帝国对河湟地区的统治，也开启了与西羌的冲突。对汉朝来说，倘若草原的匈奴与高原的西羌联合起来，就会从亚洲内陆方向对中原地区形成战略包围，直接威胁长安，因此，必须控制河西走廊以切断它们之间的联系；而为控制河西走廊，又需要进一步经略西域。这样一种冲突模式与战略谋划，呈现为草原、高原的南北关系与中原、西域的东西关系之间的对峙，构成了此后两千年历史中非常重要的地缘政治结构，在吐蕃王朝时期、明清帝国时期不断重演。

在卫藏地区进入有文字记载的历史之前很久，阿里地区就有了苯教，这是卫藏最早的宗教，其影响力逐渐扩展到全藏。苯教有着高度的萨满教特征以及多神教的宇宙观，这与多头并存的贵族制社会结构相匹配。在高成熟度的政治秩序发展起来以前，整合小规模跨血缘共同体的最根本手段便是宗教，所以部落头领往往兼具宗教属性，他们也成为后来的贵族。雪域高原上高昂的交通与治理成本，使得大规模共同体极难被建立起来，多头并存之贵族制与多神萨满之苯教的共生关系，便成为高原的基本秩序。

6世纪中后期，吐蕃王朝倏忽而兴，这显然是部落贵族合力的结果。雪域的自然地理条件和文化发展程度不允许它在短时间内建立大一统的官僚政权：高山阻碍了政令的上通下达，贫瘠的物产供养不了一支庞大的官僚队伍，吐蕃直到松赞干布时期才开始从印度引入文字，因为它没有时间建立必要的文书系统，而文书系统是官僚系统运作的前提。贵族制天然地有离心倾向，这种情况下，维系统一的关键在于最高统治者赞普是否能够持续地从外部攫取资源。如果能做到，赞普在与仅有本地资源的贵族们博弈时便能拥有竞争优势，这与草原的政治逻辑并无二致。

松赞干布因此做了一系列努力。他击败吐谷浑，征服象雄王朝，掌握了雪域通往西域和中亚的几条重要通道，并由此可以威胁到丝绸之路从河西走廊到西域乃至中亚的部分路段。这些持续不断的战争带来了大量的财富，带来了赞普相对于贵族们的优势，提升了整合能力；这也构成松赞干布的后续者们持续的战略基础。松赞干布与唐朝和亲，获得了一种额外的正当性资源；同时又引入佛教——他通过来自大唐的文成公主引入汉地佛教，通过来自尼婆罗的尺尊公主引入印度佛教。佛教作为普世性宗教，不似多神的苯教，更适合统一王朝的精神需求。于是赞普与贵族们的政治冲突，又以佛教与苯教之宗教冲突的形式呈现出来。

长久以来，雪域高原上仅有略高于部落秩序的发展水平，而松赞干布通过一系列努力，在这里奇迹般地建立起了炫目的政治秩序。但这种政治秩序很脆弱，贵族社会是雪域原生的，赞普的超越性权威极大地依赖于对外部财物的获取，它可以来自对高原以东汉地的劫掠,也可以来自对高原以北丝绸之路的控制。因此,通达这两个方向的安多、康巴与阿里,对吐蕃核心区具有重要的战略意义。尤其是安多,从这里向东可入汉地,向北可入西域,对吐蕃至关重要——这也是吐蕃在崛起之后首先要灭掉占据此地的吐谷浑的原因。倘若没有安多与康巴这两个地区,雪域将难以获得其政治秩序,无论这一秩序是如吐蕃时期一样内生的,还是如元代以后一样外赋的。从长时段来看,这两个地区也构成了雪域与中原得以拥有共享历史记忆的纽带。

9世纪中期,吐蕃末代赞普朗达玛灭佛,在短短数年间便让佛教遭到毁灭性打击,尤其是在吐蕃核心区域卫藏地区,佛教沉寂了颇久。吐蕃政权也在公元842年崩溃。从松赞干布时期佛教传入到朗达玛灭佛,这两百年的时间被称为"前弘期"。到11世纪,皈依了伊斯兰教的中亚突厥人王国反复远征印度,印度的很多佛教徒被迫逃亡,他们最快捷的逃亡路径便是顺印度河谷而至阿里,就此开启了佛教在雪域高原的"后弘期"。在这一时期,佛教在阿里地区的复兴被称为"上路弘法";吐蕃崩溃之际从卫藏地区逃到安多地区的几位僧人留下一些宗教种子,吸引卫藏地区的人来求法,形成所谓"下路弘法"。阿里与安多这两个雪域的边缘地区,自此开始从精神上重新定义雪域高原。

吐蕃的崛起依赖于各种历史机缘的耦合,无法复制,在它崩溃后,雪域高原只剩下一系列小区域性秩序。面对如何在一片废墟上重建秩序的问题，雪域高原与中原有着不同的比拼重点。在中原地区逐鹿的群雄，所要比拼的是哪种组织模式效率更高，而比拼组织效率，要以资源丰沛为前提，高效率通常伴随着高消耗；高原上所比拼的则是哪种组织模式的成本更低，这是高原资源稀缺的状态所带来的一种根本约束。宗教是在资源稀缺的小区域整合秩序成本最低的手段。共同体的首领同时具有宗教身份，该区域便可形成一种较为稳定的秩序。因此在吐蕃王朝崩溃之后，宗教便成为高原上赖以重建秩序的核心要素。

后弘期的佛教不再像前弘期一样要面对一个大帝国，而是必须面对大量部落规模的小群体；由于赞普消失了，当年因赞普与贵族的政治对抗而导致的佛教与苯教的冲突，也不再继续。这些小群体秩序最初的形成都是基于苯教，佛教再次传入，顺势与苯教形成一种融合关系。由此，我们可以看到从前弘期的"藏地佛教"到后弘期的"藏传佛教"的转型。

在13世纪中期蒙古人的力量进入高原以前，高原上的藏传佛教分化为非常多的教派，几乎一个部落就会形成一个教派，教派之间的力量相差无几，没有哪个教派能够压倒其他教派。直到来自高原以外的力量（蒙、满、汉等）进入，从这些力量处获得资源输入的教派（先后是萨迦派和格鲁派）才得以压倒其他教派。

宗教秩序作为成本最低的组织模式，一跃成为雪域高原低成熟度政治的基本表达形式，使这里形成小群体规模上政教合一的结构。教派领袖的势力取代了世袭封建贵族的势力，成为雪域高原的历史动力。各教派的寺院此时既是经济组织又是政治组织，它们虽有时互相竞争，有时又结合成临时盟友，但始终都保持了自己的独立性。雪域高原因此成为古代中国非常独特的一个区域，它是教权有机会独立于政权之外发展起来的唯一的地方。

雪域这种独特的宗教秩序，终于在蒙古扩张的时代获得了其政治性，高原与草原由此形成深刻的联系。高原上的教派冲突与草原上的部落政治冲突，相互缠绕着向前演化，使得高原、草原的联系从元到清经历了复杂的历程。雪域在此历程中获得了超越于彼此竞争的诸教派之上的普遍秩序，这是帝国对雪域的政治秩序输出；雪域则因其宗教性，而实现了对帝国的精神秩序输出。元、明、清三代，皆有以藏传佛教的宗教力量进行自我政治整合的做法，雪域高原的政治低成熟度，却使得政治高成熟度的东亚帝国获得了某种非政治或前政治的精神秩序的载体，以支撑起显浅的政治叙事所无法负载的隐微面相。

倘若政治秩序建立不起来，那么雪域就无法与外部世界形成有效互动，只能永远在匮乏困窘的状态下挣扎。在这个意义上，通过外部世界输入政治秩序，是雪域的内在需求。雪域的秩序输入只能从东亚的中央王朝方向获得，而无法从印度方向或中亚方向获得——因为这两个方向由于其各自的特定原因，自身也处在一种政治低成熟度的状态，有待通过其他力量输入政治秩序。基于中原帝国与草原帝国的不同治理逻辑，甚至可以说，雪域的政治秩序，只能通过超越于中原、草原之上的普遍帝国才能获得，而这个普遍帝国也将因此真正成就其普遍性。由此雪域才获得其完整的精神自觉，它也在这个意义上，与中原、草原、西域、海洋等区域有着深刻的共享历史记忆。

四、关外

东亚地区的草原和中原，中间有个过渡地带，即长城沿线。这个过渡地带一路向东，延伸到关外的东北地区。

纯粹的草原帝国如匈奴、突厥、回鹘等，并没有意愿统治中原。游牧者往往是突入中原劫掠一番便返回草原，待到中原休养生息后再来劫掠一番，或者用劫掠威胁中原进行敲诈。草原帝国需要从中原不断地榨取财富以确保自己部落联盟的统一，而为了不至于丧失"财富奶牛"，草原帝国甚至会在中原帝国摇摇欲坠之际主动来保护它，如回鹘帝国对唐朝的反复榨取与保护。一旦中原帝国瓦解，草原上的诸多小部落会重新获得与中原诸割据势力直接贸易的机会，而作为部落联盟的草原帝国则会瓦解。

草原帝国在遭遇周期性解体危机之后，分裂出来的一支还会采取妥协方式，退居长城沿线的过渡地带。比如，匈奴南北分裂后，南匈奴就迁居到长城沿线的汉朝边疆地区居住，依凭汉朝的支持与北匈奴对抗。类似的草原内战在后世也曾发生多次，而与中原结盟的一方均毫无悬念地赢得内战。这种历史过程，表面上看是与中原结盟的一方可以获得中原地区源源不断的财政支持，草原的战斗力与中原的财政相结合往往好过未结盟的一方；更深层的机制则是与中原结盟的一方可以垄断从中原获取的贸易品，未结盟的一方便丧失了用以凝聚本部落联盟的资源，只能坐视联盟解体。而获胜的一方接下来便获得了一种战略选择自由，它可以继续保持与中原帝国的联盟，也可以将生存重心重新放到草原，甚至将这两者结合起来运用。

中国历史上能够同时、稳定、可持续地统治长城南北的二元帝国，其征服者都来自这一过渡地带或是东北地区。

纯粹的草原统治者，政治德行在于草原英雄式的酣畅淋漓。他们无法理解儒家的伦理世界和治理逻辑，无法容忍中原帝国的官僚体系对于皇帝个人意志的约束，没有能力甚至也没有兴趣直接统治中原，因为劫掠本身就已经非常快乐。而纯粹的中原统治者，政治德行在于"垂拱而治""治大国若烹小鲜"的自我节制，如此官僚体系才能不受干扰地依循常例自动运转，所以中原统治者也不可能具备统治草原的能力与兴趣。

于是，若欲建立超越中原–草原两大地理区块的普遍帝国，征服者便必须能同时理解中原与草原，他就只能来自过渡地带。长城沿线自不必说；东北地区，北边连通呼伦贝尔大草原，南边是经常接受中原帝国统治的辽东宜农地区。能稳定统治东北关外之地的统治者，必须兼通两方。这样的统治者入主中原之后，便可以建立起一种二元帝国统治。二元帝国中，统治者兼有两个身份，他们可以通过草原首领的身份以部落联盟方式统治草原地区，主导整个帝国的军事秩序；也可以通过皇帝的身份以官僚帝国方式统治中原地区，主导整个帝国的财政秩序。中原之富与草原之武通过最高统治者结合在一起，稳定地实现财政-军事循环。

　　来自东北的慕容鲜卑最先开始了这种尝试，来自山西北部长城附近的拓跋鲜卑则成功地依此原则建设了北魏王朝。但是北魏并未获得对这种二元政治的足够自觉，孝文帝主动南迁洛阳，说汉语、着汉服、改汉姓，一力汉化，尽力放弃其草原身份。草原主导的军事力量不再认同帝国统治者，北魏很快分化为汉化朝廷与胡化六镇军队两个政治集团，北境六镇军人掀起的兵变最终导致北魏亡国。

　　直到契丹人建立的辽朝，统治者才放弃了追求一元化的努力，开始自觉地建设这样一种二元帝国，用南北两院分治汉人和契丹人。虽然辽朝并未统一中国，但是这种二元治理技术流传了下来，直到清朝自觉、有意地汲取了历代北族王朝的治理经验，建立了完备的二元帝国形态。辽、金、元、清，都是起家东北，建立二元帝国，并定都北京。北京正处长城沿线，又临近东北，便于统御整个东亚大陆。

来自关外的征服者还打破了"无百年之运"的魔咒。辽、金、元自发迹之日算起都长过百年，清朝则近三百年。魔咒的根源是草原帝国不稳定的内部军事贵族民主制和首领兄终弟及的继承顺序。但是一旦帝国征服者掌握了广阔的农耕地区，就可以将农耕地区的庞大财富转化为自己手中强大的中央财政体系，赎买军事贵族制，改变继承规则。一如清朝入关之后，曾经对大汗构成现实约束力的八王议政会议就不再起实质作用了，基于军事贵族制的草原帝国便转化为基于官僚制的、超越于中原－草原之上的普遍帝国。当八旗子弟都吃上"铁杆庄稼"，军事贵族也就无法再对爱新觉罗家构成政治压力。统治者控制中原财富，赎买本族军事集团的服从，而只要本族军事集团服从，统治者便能控制中原，由此形成了一个正向循环。父子相继能提供最稳定的财政汲取能力，兄终弟及的战时体制也就退出政治舞台，周期性继承危机自然消退。

对中原农耕地区而言，普遍帝国带来了长久的和平红利。在中原－草原南北对峙的时代，中原的军队自然要靠农耕人民的赋税来支撑，草原的军队事实上也是靠农耕人民的赋税来支撑的，可怜的农民要同时负担两支高强度动员的军队。草原征服者的普遍帝国建成之后，中原农民只需要负担一支中低强度动员的军队，这是康熙时期可以"永不加赋"的基础所在。税赋压力减轻才使得人口猛增成为可能，流民四起以致天下大乱的人口数量临界点大幅提升，康乾盛世中国人口突破2亿、3亿大关，后来又突破4亿才达到临界点。研究表明，美洲高产的玉米、红薯在清代从未超过中国粮食总产量的10%，美洲农作物的推广也是在清朝官员面临人口压力之后的作为。显然，人口激增的最合理解释就是和平红利。

儒家文明有着对大一统的追求，但真正"至大无外"的大一统，需要将草原、中原都纳入同一个帝国的治下，需要多元复合型治理。这种大一统，便只能由来自过渡地带的少数民族王朝建立，这是对我们通常所理解的中原儒家秩序的一种外在超越，是中国秩序的另一种表达，甚至是一种更为本真性的表达。大一统反过来为征服者提供了一个完美的政治模型，述说着跨越长城内外统治的正当性。甚至曾经的征服者在帝国成熟期会成为儒家文明的坚定拥趸。在晚清变局当中，力主改革的洋务派多为汉臣，而力主守旧的理学大师却是出身蒙古正红旗的倭仁，他提出的"立国之道，尚礼义不尚权谋；根本之图，在人心不在技艺"，正是对此复杂性的深刻体现。

五、海洋

浙闽丘陵和两广丘陵将中国的东南沿海一带切割成一连串面积很小又彼此分隔的小平原,从浙江东南部一直延续到两广地区。平原的背后是不断绵延的山脉,山脉之间是一条条的河流。东南沿海地区与中原内地的交通,以及小平原彼此之间的陆上交通,都比较困难,反倒是海上交通更为方便,于是东南沿海地区发展为相对独立的经济区。东南沿海地区的居民系当地原有的百越部族与被战乱所迫逐渐迁徙而来的中原人群混合而成。百越先民自史前时代就已在中国沿海地区广泛航行。在公元前5000—前3000年,大垄坑文化覆盖了从舟山群岛向西南直达中南半岛的广大地区,其遗存表明此时的居民已经能够建造独木舟并进行深海捕鱼。

但是,东南沿海地区的人口在中原人口大规模南迁之前一直很稀少,古越人的航海至多只是个体性的生存冒险,并无政治意义。汉武帝出兵灭亡东瓯和闽越之后,甚至将本就稀少的人口迁到江淮之间,放弃了当地的土地。江南六朝时期,史书上经常看到征伐山越的记载,山越中有相当部分便是分布在沿海丘陵地区。由于安史之乱和靖康之变所带来的两次中原人口大迁徙,东南沿海的人口才逐渐变得稠密起来。15—16世纪,东南沿海的人口日渐膨胀,本地的农业经济已经无法供养这样多的人口,于是开启了具有政治性意义的向海外移民的进程。东南沿海地区与周边环东亚海域逐渐发展为一个广大的贸易世界，新世界的拓展也塑造了东南沿海居民不同于中原农耕区居民的精神世界。

依靠大海生存的社会的结构天然地自由、平等、开放。其根本原因在于，大海作为一个可以通达世界的自由通道，无法被任何人所占领，勇敢的人可以去冒险，去获取财富；而一旦任何力量想要在这里统治，人们又太容易逃避其管制了。所以，大海孕育着自由。通过一种自生秩序的方式，人们自我组织起来，摆脱大陆式的集权秩序，去创造自己的命运。

自我组织并不代表无秩序，而是说不依赖外部强加的秩序。自生秩序并不是无源之水、无本之木，它通常会按照人们在大陆上既有的组织资源和文化传统更新和发展。对中国的传统社会而言，这种组织资源和文化传统就是宗族秩序。相对于中原地区而言，东南沿海地区的宗族秩序更加富有生命力。中央政府对于东南沿海地区的控制力因山脉阻隔、交通困难而大大减弱，南岭武夷山的阻隔也让战乱较少波及沿海地区。结果就是当地的宗族秩序没有受到过严重的破坏，对社会的整合力量要远强于中原地区。

对朝廷而言，到海上讨生活的人群很容易脱离帝国控制，而明清两代沿海又分别有倭患和郑氏政权的侵扰，因此朝廷长期实行海禁。但这不是朝廷一厢情愿便能够奏效的，明中期之后，国家从洪武体制中解放出来，商品经济日益发达但通货不足，使得经济发展依赖海外白银的输入,而白银输入只能通过对外贸易获得,所以朝廷不得不逐渐承认海商的活动,并最终解除海禁。

出身东南沿海的华人海商们此后便逐渐垄断了整个中国沿海地区的贸易。日本、琉球、南洋群岛等各处的小王国或贸易城邦,都需要参与到中国的朝贡贸易中来。有条件操作这种高利润贸易的,往往就是侨居当地的华人。他们为侨居地的土著王公带来源源不断的财富,从而获得本地社会影响力。西方殖民者来到南洋之后很快也发现,从对华贸易到征收当地赋税,再到为殖民城市提供服务等方面,他们在各种经济活动当中都无法离开华人的支持。东南沿海本为帝国的边缘地区,华人宗族意识强烈但政治意愿欠缺,出海经商也是为了实现经济目的,所以他们在南洋也本能地愿意接受土著王公或者殖民者所建立的政治秩序,用为后者服务的方式,获得了控制经济领域的机会。

政治弱势与经济强势是东南沿海华人强大宗族组织的一体两面。对海外长途贸易而言,最关键的便是建立其信用结构,否则就无法建立起与遥远陌生人的贸易关系。海外华人都是东南沿海的移民,他们漂洋过海时,便带着以宗族关系、方言群体等为依托的信用基础;跨越较远距离的信用结构,就通过宗族群体内部个体的远距离迁徙而建立起来。在进入20世纪以前,闽南方言群体、潮汕方言群体、客家方言群体、珠三角的广东方言群体,是南洋最重要的几个华人方言群体,他们各自垄断了一些行业。

以宗族为基础的信用体系带来了华人的商业能力，但是相应地，华人所能够想象的秩序也完全基于这种宗族的社会结构。宗族共同体是一种基于血亲本能之自然伦理的社会和经济存在，而不是一种主动创制的政治存在。南洋华人在侨居地形成了大量以宗族共同体、方言共同体为基础的会党组织，这些会党组织一端在南洋，另一端在故土，可以招募本乡人来到海外，帮助初到海外的人在人生地不熟的情况下落脚，并在会党内形成互助关系，包括各种内部融资手段等，还形成会党自身的暴力组织，以此为基础确保对特定行业的垄断，排除其他人的商业竞争。

会党的凝聚力来自两个方面，一是拟宗族共同体的认同，二是在侨居地对本乡神灵的共同祭祀。这些都意味着它必定是封闭的小群体，群体之间（即不同的会党组织之间）都不会有认同感，更遑论建立起一种超越小群体的普遍秩序了。在欠缺彼此认同这个意义上，甚至可以说，在20世纪以前，根本就无所谓南洋华人，只有南洋福清人、南洋潮州人、南洋客家人等。同样来源的人在同一个生态位竞争才是最激烈的，信任只能来自血浓于水的联系。

会党组织使得华人在近代早期的南洋地区颇有势力，在马来西亚半岛的土著内战中，南洋华人曾是令人生畏的民间武装力量。华人在南洋并不欠缺暴力能力，但这些暴力大多没有转化为建立政治秩序的努力，而始终是仅仅作为一种社会和经济得以存在的护卫。更进一步地说,华人所建立起来的甚至不是经济秩序,而仅仅是经济事实。因为秩序意味着规范,规范本身就要求强力统一,这已经是一种政治性了。

与之相比,西方殖民者人数远远少于南洋华人,武力也未必强过后者,但是他们来到当地后,却能够迅速地以其武力为基础,在当地立法建政,建立超越于当地各种特殊群体之上的普遍秩序。拥有政治意识者便拥有规范性的力量,成为秩序的主导者;没有政治意识者便只能拥有偶然性的力量,成为秩序的从属者。区别于拥有强烈政治意识的西方殖民者,人数更多的华人始终只拥有一种机会主义的经济意识,他们基本上不会主动去建设政治性的秩序,而只能接受其他人给出的秩序。

南洋华人最初很自然地接受了西方人所建立的海洋秩序,并作为合作者参与到南洋秩序的发展当中。但是伴随着现代经济与技术的发展,西方人对于南洋的掌控力越来越强,同时对于华人对经济的控制力有了越来越大的顾虑,于是他们开始了一系列压制华人的政治行动。华人在这个过程中,终于普遍地与自己所习惯的生存环境产生了疏离感。正是这种疏离感,使得某种政治意识开始形成,南洋华人渴望自己也能拥有与西方人同样的法律权利,渴望能够获得不被政治扭曲的经济活动空间,而为了获得这种空间,又反过来不得不主动参与到政治建构当中去。

在宗族体系的牵引下,这样一种政治意识不仅仅体现在南洋，更通过南洋及口岸地区与帝国东南沿海的宗族关联，进而刺激了帝国治下臣民的政治意识。同时，辐射整个东亚沿海的南洋视野还带来了新的精神资源，使得人们得以重构对母国政治的想象。南洋华侨的热情支持让孙中山有机会屡败屡战，最终促成辛亥革命。

大体而言，中国的草原-中原-海洋三个地理区块的生态、地理、经济互动具有不同的历史地位和意义。在古代，草原-中原关系是秩序的生成线，海洋地区是陆地的附属物，它是逃避中原帝国统治者的泄压阀；中原-海洋是秩序的传播线。到了近代，西方文明从海上到来，大海不再作为陆地的附属物，而作为一种独立的要素呈现出来，海洋-中原关系变成秩序的生成线，海洋成为一个最具能动性的力量，中原必须适应海洋带来的变化；中原-草原关系则构成了秩序的传播线。从古典时期的普遍性到近代时期的普遍性，我们不仅要看到多元精神要素的汇入，更要看到多元地理板块的相互成全。

参考文献

王明珂. 游牧者的抉择：面对汉帝国的北亚游牧部族 [M]. 桂林：广西师范大学出版社，2008.

李安宅. 藏族宗教史之实地研究 [M]. 上海：世纪人民出版集团，2005.

沈卫荣，侯浩然. 文本与历史：藏传佛教历史叙事的形成和汉藏佛学研究的建构 [M]. 北京：北京大学出版社，2016.

巴托尔德. 中亚突厥史十二讲 [M]. 罗致平，译. 北京：中国社会科学出版社，1984.

巴菲尔德. 危险的边疆：游牧帝国与中国 [M]. 袁剑，译. 南京：江苏人民出版社，2011.

拉铁摩尔. 中国的亚洲内陆边疆 [M]. 唐晓峰，译. 南京：江苏人民出版社，2005.

孔飞力. 他者中的华人：中国近现代移民史 [M]. 李明欢，译. 南京：江苏人民出版社，2016.

杉山正明. 忽必烈的挑战：蒙古帝国与世界历史的大转向 [M]. 周俊宇，译. 北京：社会科学文献出版社，2013.

图齐，海西希. 西藏和蒙古的宗教 [M]. 耿昇，译. 天津：天津古籍出版社，1989.

魏义天. 粟特商人史 [M]. 王睿，译. 桂林：广西师范大学出版社，2012.

延伸阅读

王明珂. 华夏边缘：历史记忆与族群认同 [M]. 上海：上海人民出版社，2020.

罗新. 黑毡上的北魏皇帝 [M]. 修订本. 上海：上海三联书店，2022.

荣新江. 中古中国与外来文明 [M]. 北京：生活·读书·新知三联书店，2014.

兵戎第五

国之大事,在祀与戎。

——《左传·成公十三年》

兵戎第五

秩序的起点是暴力，诚如马克斯·韦伯所言，国家是一个"在一定疆域之内（成功地）宣布了对正当使用暴力的垄断权"的人类团体。神圣王权的一半是宗教的神圣，一半是暴力的强制。人类几乎在从蒙昧步入文明的同时，就要遭遇基于有限资源的争夺。暴力解决了生存空间问题，也就带来了安定的秩序。

既然国家的本质是暴力，那么有关军事的方方面面都是历史上最闪耀的星星，引来人们好奇的目光。在中国历史王朝的周期性轮换中，漫长的太平时光总是容易被忽略，混战的乱世才能英雄辈出。但人们很容易被传奇的人物和精彩的事件吸引住眼球，忽略了历史长河中稳定而隐秘的潜流。

王朝开创离不开集团作战，创业阶段皇帝通常只是众将领的老大哥，一起扛过枪的战友情是凝聚团队、和衷共济最有效的力量。然而一旦建国成功，皇帝即位，军功集团就天然地站在皇权的对立面，因为皇帝造过的反、篡过的位，手下将领可以照单复刻一遍。不论是吕后诛韩信、宋太祖杯酒释兵权，还是风波亭下"莫须有"、应天城头"胡蓝魂"，都昭示着白手起家的皇帝大多会清除军功集团对自己的威胁，而本身就是军事集团或者部族成员的皇帝，就会成为集团统治国家的代表。刘秀之于山东豪族，司马家之于士族，李唐皇室之于关陇集团，爱新觉罗之于满洲八旗，等等，都是如此，能够消磨他们的就只有时间。

因为普遍主义大一统帝国的常备军经过时间的消磨，在一两代人之后就消退成治安维持军，所以中华文明一般不区分军队和警察，两者在历史上往往是同一个东西。横向对比而言，中国历代王朝的常备军是一个比较独特的现象。欧洲古典时期公民即军人，发生城邦规模的武装冲突时只需要临时征召即可；封建时期的骑士是一种契约身份，他们对上承担军事义务，对下承担治理责任，遇到事情听从上级领主召唤即可；草原民族兵民不分，良好的马背技术既是吃饭的能力也是作战的能力。实际上，国家常备军是一个直到18世纪才在欧洲普及开来的观念，这源于欧洲各国长达数个世纪的相互征伐。与之相比，中国并没有系统的常备军理论观念，但是在历史中却形成了常备军的事实。

商鞅变法的本意是把战争责任从宗法贵族身上扩展到所有自耕农民身上，让这些农民平时生产，遇战征召。从秦昭襄王到秦始皇，连续半个多世纪的战争实际上让关中秦人成为一支常备军，直到始皇帝一统天下。汉代以后，草原民族的威胁成为大一统帝国一种相伴相随的外在军事压力，防备边疆也需要一支常备的军事力量。同样，为了保证皇帝的安全，都城也需要常备一支能够随时征讨全国的军队。这两支常备军就构成了中国历史演进的重要基础。

从制度上来说，中国历史上的常备军大体可分为义务兵和世袭职业兵两种。宋代及以前，历朝都大致遵循商鞅开创的传统，兵役和徭役、赋税共同组成国家汲取民力的三种基本形式。辽、金、元、明、清等王朝，或是北方民族政权，由部族垄断军事权力，将基于血缘的部族和作为职业的军人合二为一；或是实行军户制度，直接把军人变为一种世袭的职业。

宋代以后，长时间的大一统王朝的安定局面弱化了世袭职业军人的作用，加上科举制的兴起和发展，读书考取功名几乎是宋代以后中国社会唯一认可的正经的社会上升通道，军人逐渐沦为国家免费的杂役。这种制度也把军事责任从一般老百姓身上剥离，让中国进入一个"无兵的社会"。

"宁为太平犬，莫作乱离人"正是这种社会普通人的心态。

一、礼乐征伐

周人的宗法与封建制度,其建设起点之一就是要杜绝商人的任意杀戮。除了殷周鼎革时的短暂暴力,周人还设计了一整套礼乐制度来维持秩序,所谓"礼乐征伐自天子出"(《论语·季氏》),暴力被规制在秩序之中。

礼乐秩序在观念上意味着"君子""小人"各安其位。君子循礼而行,小人沐风德化,"君子之德风,小人之德草,草上之风,必偃"(《论语·颜渊》)。君子是礼制与武德的担纲者,小人则甘享"日出而作,日入而息。凿井而饮,耕田而食"(《击壤歌》),提供徭役与赋税,是财富之所出。孟子说"无君子,莫治野人;无野人,莫养君子"(《孟子·滕文公上》),双方就这样互为条件。

现实中,周公的二次封建大大拓展了周人的统治空间,但也大大稀释了周人在山东地区的人口密度。这次封建的实施形态就是中原和北方平原上一个个孤立的封邑,封邑之中的国人平时为农,战时为兵。后世称赞的兵农一体很大程度上是现实条件所迫。国人之间彼此有着一种血统认同关系,基于此而形成一种战斗共同体。东方地区的土著则被称为"野人"。周朝利用国人的武力压制,对野人实行基于地域关系的统治与管理。因此,国人获得土地分配,是为了保持国人间的平等权利,维持他们提供兵役的能力；野人获得土地分配，则是为了形成一般治理结构，维持其提供劳役的能力。

宗法封建制秩序赋予了他们截然不同的军事身份意义。唯国人君子有资格、有义务参加战争，野人则无资格、无义务参战。君子参战的目的也不是伤害或杀戮对方，而是恢复礼的秩序。所谓"大刑用甲兵，其次用斧钺；中刑用刀锯，其次用钻笮；薄刑用鞭扑"（《国语·鲁语上》）。"刑"的目的是恢复正当秩序，战争是为大刑，其目的就是恢复天下公认之秩序，维持周礼的上下尊卑秩序。

西周时期战争规模很小，原因之一是人口非常稀少，大国的国人总数也不过数千。当时一个诸侯国只有一个城，且不能有两个城，因为人们担心另一城会足以与国都抗衡。而另一城就是所谓耦国，被视作致乱之源。这也是孔子出任司寇后隳三桓私邑，以加强鲁国公室权威的逻辑。由于人口稀少，野人能够耕种的土地也不会从郊向外拓展到非常远，所以国和国之间有大量的荒原。

春秋时期，人口增多，原有的土地已经不够分配，新的城邑被建立起来，耦国开始出现。西周时期的分封主要体现在天子对诸侯的分封上，春秋时期则开始出现诸侯在国内对卿大夫的分封。鲁三桓、晋六卿、齐六贵，这些春秋时代的权臣起点都是诸侯对公室的分封。周天子的暗弱，伴随着诸侯的勃兴，中国历史遂被带入春秋五霸的时代。

春秋五霸之首齐桓公"九合诸侯，一匡天下"，皆以兴灭继绝为目的，再复礼的秩序，孔子赞其"正而不谲"。然而，齐桓公毕竟不是天子，"礼乐征伐自诸侯出"已经颠覆了礼乐秩序的初衷。虽然齐桓公在恢复着封建，但他却是以否定封建的方式来恢复封建的。春秋五霸中最有争议的宋襄公，并无如同齐桓公、晋文公一般匡正天下的武功，却想要做霸主，召集会盟，以尊王攘夷之礼号令天下。结果会盟时楚成王不依礼行事，捉住宋襄公，以其为要挟而攻宋。日后，宋襄公再获机会与楚成王一较高下之际，仍坚持"君子不困人于厄，不鼓不成列"，遂大败于楚成王。遵守礼乐秩序的"仁义之师"却不能获得战争的胜利，那么对"是抛弃礼乐还是抛弃战争"的问题，各国诸侯用实际行动做出了选择。

归根结底，礼乐的目的是秩序，战争的目的也是秩序，礼乐-战争是一个通过双重手段加强秩序以维持的结构。在这个结构里，战争没有独立的秩序意义，它必须是礼制的附庸。然而一旦基于礼制的战争无法获胜，那么礼制本身就会堕入虚伪的境地，战争直接和秩序发生联系，获得独立的秩序意义，那么接下来诸侯国要做的就是如何不择手段取得战争的胜利。宋襄公的执着是贵族的战争伦理在这个时代的绝唱，楚成王的诡诈蛮横恰恰是新时代的基本准则。"礼"的遗失，意味着封建制即将被人弃如敝屣。

战争有着不以主观意志为转移的基本规律，那就是财政和军队的组织效率。谁能最先打造出合格的战争机器，谁就能成为赢者，一统天下。宗法与封建制下军事动员的基本机制是按照宗法血缘关系组织军队，要找到在新时代能动员更多人的方法，必然要突破宗法封建的社会组织。最先发现打破宗法血缘约束办法的是管仲，他用职业身份重新划分了齐国的基层治理体制，制定了一套金字塔式的组织动员模式，大大提高了齐人的征战效率。这也预示了此后各国进入总体战的基本方向。

新的社会组织需要配套的新的秩序规定。理论上，金字塔式的社会组织形式并不区分血缘宗法身份，所有人都是总体动员机制中相同的原子，所以基于血统亲疏构建的政治尊卑秩序并不适合这种新的组织模式。只基于行为和后果的奖惩规则弭平了血统身份带来的差异，它能最大限度地激发每个人的主动性。这就是法家思想的基本原理。

李悝于魏变法，使魏国一时横行天下，他留下的思想遗产就是《法经》。半个世纪后的商鞅西入关中，仍随身携带《法经》。他在秦国的变法，可谓集法家之大成。秦国内部旧贵族阶层被一扫而空，血统不再是地位的保障，事功才是上升的阶梯，国人和野人的差异被消弭了。秦尚首功，用首级评定战功的制度改变了战争的逻辑，它把手段和目的统一起来，将战争目的从恢复礼的秩序转换成了伤害乃至消灭对方，因为唯有如此才能获得国内地位的升迁。与之相配，重新建立起的金字塔式的总体性社会组织能够最大限度实现人员和资源的动员。这套体制没有任何学习门槛和文化门槛，各国迅速跟进，加入比拼资源动员效率的竞赛之中。唯一的差别就是山东六国的经济条件好于关中，土地产出物并不是其唯一的资源，山川渔盐商贸之利在相当程度上能够提供本应由总体性社会动员才能提供的资源，于是山东六国的社会改造并不彻底，"资源的诅咒"让它们无法和秦制抗衡。

此后的战国历史进入了"垃圾时间"，赵国是否能在长平保住四十万大军，楚怀王能否不听信张仪的口吐莲花保住楚国的国力，这些事件只能影响秦国统一天下的时间长短，却不能改变历史最终的走向。中原土地广阔平坦，人口众多，适合大规模作战。战争逻辑的转换，意味着战争的规模将呈几何级数上升，一场战争被坑杀的人数只是历史逻辑偶然的浮现，大一统仍然是不可逆转的方向。

二、内外轻重

商鞅的体制是农耕文明能够达到的战争效率的天花板。这种体制的战斗力根源有三：一是平等的身份关系，战斗事功是每个普通人获取社会地位的唯一凭证，因此可以激发出从士兵到将军全方位的作战积极性；二是有足够的空余资源分配，激励关中老兵们奋勇杀敌的要素，除了战功爵位，还有可以耕种的土地，这就需要国家掌握充足的无主新地用来封赏战功；三是充分的外部战争压力，战国对峙时代，战争压力时刻不缺，这才让临时征召的义务兵时刻备战，磨炼战斗技术，成为事实上的常备军。

大一统的秦汉帝国和接踵而至的中原与草原的对峙同时消灭了上述三个战争力量源泉。对草原民族用兵时间久、任务重，面对游牧骑兵需要远高于中原各国混战的战争技术训练和储备。边地环境恶劣，虽有大量荒地但并不适合耕种，前去戍边与其说是战功赏赐不如说是活受罪。于是遇有重大战事国家临时征召动员的只能是地方流氓、犯人、流民，军事义务从一种荣誉堕落为罪犯的标志，"好男不当兵"正是其写照——军人在社会道德观念中再也不是一种平等的身份，而是低贱的职业。同时，大一统王朝也意味着"溥天之下，莫非王土"，君主再也不能以地方诸侯的眼光看待治下的土地和人民，把一部分资源当作另一部分人可以随时抢夺的军事奖赏，军功失去了最基础的物质奖励刺激。最后，大一统王朝进入了理论上的永久和平期，战士解甲归田，农民职业才是日常生活的归宿，草原民族的掠夺不会深入中原，战争距离普通人太过遥远，只需要两三代人的时间，战争技能和好战心态就会退去，技能娴熟的战士就会转变为驯服的顺民。

汉初无为而治的关键就是用和亲赎买对匈奴的和平，减轻朝廷的军事压力。轻徭薄赋、少兵等政策能最大限度地与民休息，使军队状态维持在比较低的水平。汉家天子只需要在长安保持守卫首都之北军和守卫宫廷之南军的战斗力，就能维持全国的稳定；郡尉掌握的地方武装基本停留在维持治安的水平。吴楚七国之乱，吴王征发国内十四岁至六十二岁的全部男丁，凑足了二十万军队，这种规模的动员难以持久，实际战斗力也被证明无法和正式军队相匹敌。

汉武帝对匈奴用兵，其兵力来源有四：一是关西六郡良家子弟，二是边地屯田的屯兵，三是北方来降的匈奴、东胡兵，四是征召的囚徒、流民。在长达数十年的汉匈冲突中，这几种人群在边地持续备战，实际成为职业常备军。军人从一种国家义务转变为一种职业身份，武装军事集团的形成不可避免，他们也就成为大一统王朝政治舞台上重要的角色。西汉末年，户口亡匿，基于编户齐民的义务征兵难以为继，王莽伐匈奴只能招募流民、囚徒，并利用内附的北方民族军队。东汉时朝廷只在洛阳设宫廷宿卫和北军五营，在黎阳和三辅设立兵营拱卫京师和西汉先帝诸陵寝，其余地方空间全部交给刺史、太守在本地招募的部曲私兵，为汉末群雄逐鹿埋下了伏笔。

汉末拥有战斗力的军队来源主要有二：一是内附的胡族士兵，如董卓、马腾能够成为割据一方的豪雄，就是靠手中的西凉兵，而其中很大一部分是羌胡兵，战斗力比中原农民高出许多；

二是世袭职业兵，曹操推行士家制，将一部分人口划定世代为兵。这可谓是后世府兵军户的先声，保证了充足的兵源。为了减少常备军的财政压力，招揽流民，曹操又推行屯田制，让军队也有维持自我生产的能力，为曹魏在三国竞争中赢得先机。

这种思路同样适用于北方边境治理，从曹魏到司马晋，朝廷都将土地直接分与内附的匈奴、鲜卑，令他们保持原有的社会组织，自行游牧耕种，利用内附胡族的战斗力来抵御草原民族的南下。西晋八王之乱中，三国时中原养存的汉人军队消耗殆尽，各地藩王和刺史以内附胡族为军事支援：成都王司马颖引匈奴刘渊，并州刺史刘琨引鲜卑拓跋猗卢，幽州都督王俊和段部鲜卑结盟对抗司马颖。最后收拾残局的就是还有战斗力的内附北族，刘渊建立汉国攻陷洛阳，永嘉衣冠南渡，北方中原进入北方游牧民族内迁的时代。

北魏的六镇之乱再次展现了保持胡族传统对战斗力有多重要。六镇鲜卑和胡化汉人是新大一统帝国的萌芽和基础，他们的战斗力一方面来自面对北方柔然的威胁长期磨炼的军事技术，另一方面来自将领与士兵之间部落式的私人依附关系。上下效忠和庇护能激发士兵的作战主动性，这是中原农民缺少的品质。宇文泰凭借六镇军人成就霸业，反过来要想办法驯服六镇军人。府兵制就是保留六镇鲜卑内在部落社会关系的框架，将士家制、屯田制延续下来的世袭军户填入其中，用强有力的人身依附关系和效忠观念提高军队的战斗能力，反过来府兵制又把六镇原有的部落领导权收入朝廷，八柱国的权威来自朝廷而非鲜卑酋长自身的血统和地缘关系。府兵制"兵农一体"，极大地降低了朝廷用兵成本，军队自负盈亏让士兵有很大的物质动力对外作战，在组织上实现军队部落化，同时空间上又让柱国、将军、开府驻守各地，将地方武力秩序控制在朝廷手中，一举多得。

隋朝统一后隋文帝进一步改革府兵制，"凡是军人可悉属州县，垦田籍帐，一与民同，军府统领，宜依旧式"（《隋书·高祖纪》）。唐太宗整顿府兵制，在全国立折冲都尉府，负责府兵的日常训练、召集、管理，大将入朝为官，"兵散于府，将归于朝"（《新唐书·兵志》），彻底断绝军事将领与府兵的私人联系。唐太宗又恢复均田制，计口分田，永业田用以保障府兵基本生活，职分田、勋田则是军功奖励。这种"兵农合一"体制消灭了府兵制残存的部落要素，走向了类似于屯田制的世袭军户制度。兵制、田制、军功爵禄三位一体，唐初的府兵制在要素形式和战斗力两方面都与商鞅变法后秦国的编户齐民相似。

兵农合一的府兵制有其适用性的天花板，不适用于超远距离、过长时间的战争。唐朝自太宗朝起，到高宗朝、武则天时期以及玄宗朝，都长期、深度介入北疆草原和西域的战争，高强度的汲取让府兵纷纷破产。皇室贵族还带头破坏均田制，乱赐勋田，边将任意侵吞士兵财物，服兵役不再是提升社会地位、增加家庭财产的途径。到玄宗朝天宝八载（749年），折冲府已经无兵可交，募兵制从原来的兵员辅助补充途径成为兵源的主要来源。募兵制就是士兵职业化，士兵由朝廷招募，长期服役，朝廷供给器械粮衣。为了弥补府兵制兵将互不相识的弱点，朝廷派专门将领统御招募而来的士兵，使兵将相知以提升军队的战斗力。长此以往，军队的统辖权从朝廷转移到将领，国家军队转变为私人属兵，军阀割据不可避免。

长期的边疆战争和募兵制下兵为将有的局面，还改变了唐初内重外轻的格局。唐初全国折冲府共634个，统兵68万，其中关中长安周围折冲府261个，统兵26万。到唐玄宗天宝元年（742年），全国军队57万，边地有兵49万。政治重心与军事重心相分离，军政格局从内重外轻转变为外重内轻。在如此摇摇欲坠的体制下，要想保持军队的稳定，全靠边地将领个人对朝廷的忠诚。安史之乱时，安禄山所辖范阳、平卢、河东三镇，本是防备奚族、契丹的东北方向边防军；唐肃宗依靠的郭子仪任朔方节度使，本是防备后突厥汗国的西北方向边防军。在相当程度上，安史之乱可以视为唐朝东北、西北两支边防部队的较量。肃宗朝后，朝廷非但不能收回节度使兵权，还不得不将节制镇内民政官员的权力下放，以致唐末节度使获得了辖区内军民财政各项权力，与诸侯无异。黄巢之乱后，维持秩序的只有手中有兵的节度使，李唐王朝名存实亡。

节度使的军队战斗力还有一部分来自北方边地的胡化力量。和汉末匈奴、鲜卑、西羌内附一样，唐代中后期河北、雁北地区同样是胡汉杂融，北疆草原先后有突厥汗国、后突厥汗国、回鹘汗国轮番兴替，辽河和东北地区有契丹、奚、高句丽、渤海国等民族政权崛起，草原竞争失意者南下内附，看准草原物资需求商机者北上求富。河北、雁北、辽东既是胡汉杂融之地，也是多种文化交汇之地，还是中原与草原物资商贸的中心。安禄山复杂的身世正是这一地区民族融合的象征，他的母亲很可能是粟特血统，后随母改嫁突厥番官安延偃。他自己通晓六种语言，发迹前做的是边境互市的马业牙商，专门从事商贸中介。这样复杂的人生经历只有在北方边境大规模民族融合的情况下才能发生。

五代十国基本可以看作节度使的混战：南方各个节度使割据自保，中原地区是几个北方节度使相互争夺。朱温是宣武军节度使，李克用是河东节度使，石敬瑭历任保义军、宣武军、河阳、河东、成德节度使等，刘知远曾任河东节度使、幽州道行营招讨使，郭威任天雄军节度使。军人秉政的特点就是毫无底线，不能建立稳定的统治秩序。后晋安重荣曾发出那个时代的宣言："天子，兵强马壮者当为之，宁有种耶！"（《旧五代史·安重荣传》）新秩序需要一个可以抵制用权力任意妄为的诱惑的军事强人。

宋太祖赵匡胤是第一批后唐时期出生的武将，他崛起时唐末节度使已经全部去世，军队的权威正在从旧的个人向新的国家转移。陈桥兵变和"黄袍加身"的发生主要是幼主当朝时军队的肌肉记忆的结果，如果不是赵匡胤自己能力出众，宋朝也会十分短命，中国历史可能就是"六代十国"。禁军出身的赵匡胤十分清楚禁军将领们的想法，跟着强人有仗打，才能持续获得个人收益。"杯酒释兵权"本质上就是国家和平赎买，朝廷保证将领们世代荣华富贵，将领们交出兵权。无人反抗的结果表明，当朝武将的确没有把军权视为自己的责任和生命，享受才是乱世枭雄心底所想。

宋太祖军制改革的另一项内容就是"矫枉必须过正"。他吸取唐代藩镇割据、外重内轻的教训，严格强干弱枝，彻底夺取地方兵权，将兵权集中于中央禁军。集中于中央的兵权被一分为二：枢密院掌握调兵权和军令，负责军事作战指挥；三衙（殿前司、侍卫亲军马军司和侍卫亲军步军司）掌握统兵权，负责军队日常维护训练。遇有战事，皇帝临时指派将帅，事毕将帅差使皆裁撤，回任本职。统兵与调兵之权严格隔离，兵将互不相识，杜绝了藩镇私兵的可能。最高军事机构枢密院完全任用文官，以文御武，消除了军队对皇权的威胁，所以狄青以行伍出身任枢密副使是宋代军人的巅峰。但是这种军制也集历代兵制缺点之大成：宋代禁军实行募兵制，士兵用度完全由国家财政供给，随着禁军员额不断扩张，国家财政不堪重负，这是宋代一直处于周期性变法的原因之一；兵将互不相识，统兵文官不谙军事，军队无法凝聚出战斗力，全靠不断增加的数量来弥补质量差距。宋朝就陷入了一个怪圈，朝廷越防备军人篡权军队就越弱，军队越弱就越需要扩充员额，越扩充员额国家财政负担就越重，直到靖康之变。

明朝作为最后一个汉人中央王朝，其军制浓缩了此前历代王朝的精华。在卫所制和军户世袭上显然能看到府兵制的影子，寓兵于农力求减少国家财政负担；五军都督府和兵部的关系又仿佛宋代三衙，前者有统兵权无调兵权，后者有调兵权而无统兵权；明初大封同姓藩王镇守边疆颇有唐代藩镇的意味；明朝中叶卫所制废弛后，南倭北虏边患严重，戚继光试行募兵制，打造了一支战斗力强的队伍，但也埋下兵为将有、国家财政负担巨大的隐患。明末内外交困之时军队哗变常有发生，是否会形成五代十国那样的割据状况也未可知。明初定都南京，军事重心在长城九边，很容易出现政治重心和军事重心的偏差。靖难之役就是两个重心分离的后果。身为藩王的朱棣十分清楚其中利害，于是迁都北京，弥合了两个重心的空间距离。"天子守国门"是中原王朝三百多年后重新夺取燕山防线的必然选择，定都北京解决了内外轻重之忧。

纵观中原王朝的兵制，高战斗力、高忠诚度和低财政负担几乎是一个"不可能三角"。历代王朝都在征兵制与募兵制、世袭军户与职业军人、内重外轻与外重内轻这几个维度间来回挣扎。

这是大一统王朝和农业生产的"资源诅咒",相对丰富的物产和漫长的和平消磨了人的战斗兴趣和能力。大一统王朝在剥夺地方军事发展潜力的同时也剥夺了王朝自己的武装能力。

三、勋贵集团

在中国历史中,军事不仅仅是抽象的制度和具体战斗的输赢,更关键的一直是其中的人。皇帝不是和抽象的军队打交道,他要面对的是一个个具体的军事将领。在中国进入大一统之后的历史舞台上,若说皇帝之左是文官儒士,那么皇帝之右就是武将勋贵。大一统王朝的繁荣来自文臣的治理能力,稳固则来自武将的服从。历代开国,征伐四方都不能由皇帝一人完成,军事集团是皇帝身后的保障。如何顺利地与军事集团从战争时期相对平等的战友情转向开国后严格的君臣区分,是每个王朝都要处理的问题。

殷周鼎革,武王两会八百诸侯,这些人绝大多数是同盟者,伐纣的主力还是来自关中的姬姓、姜姓联盟。辅佐武王东征的最得力助手一是本家兄弟周公旦、召公奭,二是姜太公吕尚。周人新征服的空间巨大,对军功集团的奖励也十分丰厚。周公旦的鲁国,召公奭的召国、燕国,以及姜太公的齐国,都是西周初年诸侯中的大国。周公、召公两大家族还一直在朝位居三公、辅佐周王,是西周最显赫的两个政治家族。姜太公的齐国是周人征服东方的支点,是山东众封国的秩序维护者。周成王曾派召公奭命姜太公道:"东至海,西至河,南至穆陵,北至无棣,五侯九伯,实得征之。"(《史记·齐太公世家》)三大家族都忠实地履行了自己的职责,直到平王东迁,新时代到来。

宗法与分封制将军功集团转化为世袭贵族,在山东野人的汪洋大海中建立周人自己的统治城邑。"礼乐征伐"的军事动员通过宗法关系层层传递,直到最基层的"国人"。宗法贵族的职责除了祭祀就是战斗,从军既是义务,也是特权和荣誉。在政治分工尚未完善、职业文治官僚尚未出现的年代,宗法贵族既是军事执行者也是治理执行者。直到春秋战国时期,各国的军事-财政竞争促成了政治分工:游士转化为职业文官,获军功者上升为职业军官。此时基于事功而非血统的军功集团才成为统治者需要面对的问题:既然权力来自维持秩序的暴力,那么统治者就需要面对如何在实际持有暴力的军功集团之中维持权威而不是被替代的挑战。

汉初的军功勋贵集团分为两层:第一层是刘邦的同盟者,他们在抗秦战争中就已经功勋卓著,楚汉相争中倒向刘邦,在汉初被封为异姓王,如楚王韩信、淮南王英布、梁王彭越;第二层是刘邦集团的核心,大多在起兵之初就追随刘邦,构成了汉初统治集团的核心圈，是为"丰沛旧家"，大多被封为侯，如樊哙、灌婴、周勃、曹参、卢绾、夏侯婴。汉初文武尚未分途，皇帝之下，丰沛老战友们出将入相乃是常事。曹参"身被七十创，攻城略地"（《史记·萧相国世家》），被认为是丰沛集团中军功第一的武将，在萧何去世后又出任丞相，留下"萧规曹随"的美誉。

汉初军功集团中，外围异姓王在刘邦在世时即被诛杀干净，核心的丰沛旧家起到了政权压舱石的作用。吕后称制时期打破白马之盟，分封非刘氏的诸吕为王，引发军功集团的不满。吕后去世后，周勃、陈平、夏侯婴等便共谋击杀诸吕，废除少帝，迎立代王刘恒为帝，犹如后世霍光行废立之事。到汉景帝时，周勃的儿子周亚夫出任太尉，平定七国之乱，官至丞相。然皇权之下的勋贵集团终非封建贵族，汉家天子向以刻薄寡恩著称，从汉高祖到汉武帝百余年间，吕后称制、铲除诸吕、七国之乱、巫蛊之祸，政治纷争频仍。开国时封侯的丰沛旧家，基本在四五代之后以各种方式因罪免爵，身死国除。到武帝朝，开国之初的勋贵旧臣的政治影响力几乎消失殆尽。

这也昭示了大一统皇权时代的政治秩序和运行规则已经完全不同于宗法封建时代。任何政治传承的正当性都要系之皇权，基于血统身份的自致性秩序都已不再。军功勋贵们的恩荫特权不但逐代递减，还有可能因为皇权的任意性而被剥夺。司马迁身处中国历史转型期的结尾,还能看到军功勋贵的影子,故而《史记》中专门设立"世家",以记述那些开国有功的传世之家,视同周代诸侯。百年之后的班固已经身处皇权的成熟期,已看到大一统王朝之中没有勋贵旧家传世百年的可能性,于是《汉书》中只有"本纪""列传"。大一统王朝之中只有皇帝和普通人的区别,在皇帝和普通人之间不再可能有传世贵族。

  武帝征伐消耗民力过甚,开启了地方豪族成长的新阶段。东汉时纯粹财富与暴力的地方豪族向知识、经济、暴力多方一体的士族转变,形成了强有力的地方力量。司马懿在权力完全被架空的情况下仍能豢养三千死士发动高平陵之变,可见皇权之外的士族豪门获得的社会空间。传统史学的历史分期议题有"魏晋封建论",就是抓住了这一时期基于血缘的世家大族兴起,高度人身依附关系和封闭庄园经济组成了相对孤立封闭的地方社会形态。如果说宗法与分封是军功创造身份贵族,丰沛旧家的遭遇是皇权弭平身份,中古的司马篡魏、永嘉南渡、关陇集团则是先在的身份群体创造政权。

  永嘉之乱,衣冠南渡,北方大士族扶持司马睿登上帝位。登基时,司马睿甚至向王导招手同坐帝位,时人称"王与马,共天下"。整个东晋王朝,兵权始终握在王、谢、桓、庾等大士族手中,皇权反而处于孱弱的态势。田余庆谓之"门阀政治",是"皇权政治的变态",深得历史精髓。大一统的普遍性皇权要求治下不能保留自致性秩序，士族门阀却因为家学传承、庄园经济、部曲私兵获得了相对独立的地位。皇权此时反而需要仰仗士族群体的保护，自然处于一种"变态"的形态。但反过来说，士族门阀的自致性秩序十分脆弱，它具备了一切秩序的客观条件，但主观正当性仍需要皇权赋予。这也就是为什么王导要费尽心思帮助司马睿在江南树立权威，甚至不惜在王敦作乱时与兄弟反目。同为士族门阀，桓温欲取司马氏而代之，谢安则尽力维护朝廷，淝水之战抵抗住苻坚南下，成就谢家忠义之名。王、谢传家百年，虽是有独立地位的身份群体，但皇权仍然是他们维系的目标。

宇文泰的关陇本位政策的出发点是人为制造一个身份群体。六镇军民主要是未被汉化的鲜卑和胡化的汉人，族裔杂糅而文化相近。宇文泰面对山东、江左的竞争压力，采用苏绰的建议，强调关中自古以来乃是汉家正统，仿《周礼》设官，将西迁鲜卑、汉人的姓氏郡望改为关陇，消除他们与家乡的纽带。他又在均田制和府兵制的基础上，仿照鲜卑八大人制度设立八柱国、十二大将军、二十四开府，将关中人群打造成为一个文化－经济－军事紧密结合的身份群体。北周开国、东征北齐，隋灭南陈，核心战斗力都是关陇府兵。隋文帝杨坚之父杨忠位列十二大将军，唐高祖李渊祖父李虎位列八柱国。宇文泰在西北落后之地的应时之举，奠定了隋唐近三百年的基业。

隋文帝一统天下之后同样面临大一统王朝必须面对的问题：曾经敌对的地方政权如今都已经是治下子民，不可能仍完全以关陇本位治理国家，大一统王朝内部政治失衡的危险远高于外部的军事压力。当时士族政治力量集中之地有四：关中（西魏－北周故地）、山东（东魏－北齐故地）、代北（北魏故地）、江左（六朝故地）。唐太宗的凌烟阁二十四功臣主要来自三个地方，即李渊起兵的并州（今山西），关陇故地雍州（今陕西中部），山东（今河南北部、山东东部、河北东部），只有虞世南来自江左。这也基本反映了唐初政治格局。

在大一统王朝的混杂政治格局下，李世民基本放弃了关中本位，将府兵制推广全国，遍设折冲府。尽管折冲府在数量分布上仍以关陇为重，但唐人的军事义务并不被关陇身份群体垄断。武则天以并州寒族出身，为巩固权位不得不两面出击：一面打击仍然残存的关陇身份群体——他们的连接已经从正式的制度转变为社会层面的婚姻纽带，诬杀长孙无忌就是代表；一面打击垄断文化权力的山东士族，她和唐高宗续修《姓氏录》，收录五品以上官员和因军功升入五品以上官员245姓287家，朝中无官的士族被全部排斥在外。此外，她还进一步改革科举，用考试取官打破士族门阀的文化垄断，扩大寒族上升空间。武则天利用皇权与寒门结盟的方式打击中间的勋贵阶层，最终导致晚唐时朝中无兵、朋党四起，藩镇悍将文治不通。

宋、明两代中原王朝的开国军功集团都没有成为勋贵身份群体。宋太祖赵匡胤出身武人，深知五代武人秉政弊端，其行事风格仁德宽厚。杯酒释兵权，用和平赎买的方式让宋初军功集团尽早离开了政治舞台；重文抑武，杜绝秦汉以来出将入相的政治传统，让文官全面掌控朝政。"与士大夫治天下"几成赵宋祖宗家法。"中兴四将"崛起于靖康乱世，不同于永嘉南渡的北方士族，他们完全出身行伍，没有威胁皇权的能力。四人之中，刘世光、韩世忠、张俊均出身于赵构康王大元帅府，岳飞的班底来自宗泽的东京留守司。宋金签订绍兴和议，金人本欲去除地位最高、反和最力的韩世忠，但韩世忠是赵构嫡系，苗刘之变时护驾有功，最后以"莫须有"的罪名被杀的只能是非嫡系的岳飞。明初的政治格局和汉初很类似，朱元璋和刘邦一样崛起布衣之间，"淮西勋旧"和"丰沛旧家"在人员组成、政治地位、人生结局方面都十分相似。相比于刘邦的刻薄寡恩，朱元璋剪除功臣更加决绝。淮西勋旧经历过胡惟庸案、李善长案、蓝玉案、靖难之役，基本消耗殆尽，少有丰沛旧家传家四五代的情况。汉、明两代的差异也是皇权萌发期和成熟期之间的差别。

这就是皇权与勋贵关系最为吊诡的地方：为了巩固自己，皇权在天下稳定之后要不断打击作为自己创业基础的勋贵集团，直到自己成为真正的孤家寡人，超然于天下各方势力之上，做最后的政治仲裁者。一旦有某支力量足以挑战中央，动乱就随之而来，再一次进入"混战创业——统天下—打击勋贵"的循环中。

对于汉人皇权来说，这个问题无解，皇权必须以普遍性为取向，单以某一身份群体压迫其他社会群体的统治注定不能长久；皇权要想巩固又必须有一个特殊主义取向的身份群体做自己的政治基础，将它通过血缘、婚姻、文化、军事组织等多种方式和皇权联系起来。这种精致的大一统王朝政治钢丝最终造就了基于宫廷密谋、暗箱操作、阴谋诡计的政治文化，能涤荡这一切的就只有更纯粹的暴力征服。

四、征服王朝

边疆民族建立的征服王朝解决了皇权的根基问题。血统和族裔天然地划分了边疆民族征服者与中原汉人的身份关系。从军、耕种、经商只是职业分工，人们可以轻易跨越不同身份，纵使如洪武体制那样规定民、军、匠户身份世袭，三五代人之后也就土崩瓦解。血统族裔却是天然的身份界限，边疆民族人数显著少于中原汉人，全民皆兵以后也正适合扮演政治集团的角色。

征服王朝的皇权在身份上天然就是具有特殊性的，它必须以本族为政治基本盘，由此也就解决了中原王朝皇权的普遍性带来的孤家寡人难题。前现代社会不同族群基于不同自然地理环境形成的生活习惯，本身又和武力呈现出不同程度的亲和性。

草原游牧民族逐水草而居，畜群既是他们的生产工具也是生活工具，游牧生活让他们不会和特定土地发生感情联系，草场只是有需要的时候去争夺的资源。部落男丁骑马放羊、结队斗殴争夺水源草场，本身就是他们的生活方式，在冷兵器时代他们就是天然的骑兵。差异过大的生活方式让他们只会羡慕农耕文明的物产，而不会向往定居的生活方式。蒙古人初占中原后的治理方案竟然是要杀尽农民，变农田为牧场。

东北地区的渔猎民族相比而言就更能接受农耕定居文明，他们身处山地平原交界处，同样过着定居生活，只是生产方式并非农耕，而是渔猎。围猎是游牧之外的一种训练天然战士的生产方式，它需要猎人有良好的深山莽林生存能力、面对野兽时强大的勇气和精湛的狩猎技巧。围猎不是单个猎人的狩猎活动，它是一场与野兽的军事战争。经验丰富的领袖制订行动方案，安排各路人马在复杂地形中穿梭。围猎圈一旦形成，他们就对猎物步步紧逼，缩小猎圈，最后聚而歼之。同样的组织模式，同样的行动方案，转移到平原上，开展对农耕居民甚至游牧居民的围剿，其战斗力都是相当惊人的。辽人曾言，"女真不满万，满万不可敌"。习于征战的游牧民族发出这样的感慨，可见东北密林中渔猎者的战争潜力。最终，辽亡于女真，明末蒙古族也被满族征服，也算是应验了辽人的预言。

征服王朝兵制的最大特点就是将军事义务和族属紧密捆绑，纵使治下汉人能够组建军队，其军队也处于辅助地位。辽朝军事力量的核心是帝后两族（耶律氏、萧氏）统辖的斡鲁朵（宫帐），"太祖以迭剌部受禅，……乃立斡鲁朵法，裂州县，割户丁，以强干弱支。诒谋嗣续，世建宫卫。入则居守，出则扈从，葬则因以守陵"（《辽史·兵卫志》）。皇帝的宿卫军，无论是前期的皮室军还是后期的宫分军，都要从直属斡鲁朵中抽取兵员。辽朝皇帝虽置五京，但并不居于城中，实行四时捺钵制度，一年四季逐水草游乐，直属斡鲁朵与之随行，构成皇帝亲率的流动军团。此外契丹人向北征服草原后又把各部族征编为军，防备更北方的游牧部落，是为部族军；向东征服东北地区后设置渤海军、属国军，除驻防本地外，随时应征；向南接收幽云十六州后又设立五京州县汉军，负责驻防。

金代女真人的猛安谋克制度和清代满族人的八旗制度高度相似，以本族全民世代为兵来获取稳定的兵源，实现对中原地区的武力秩序压制。金代猛安谋克驻防军事要地，就地屯田，不受地方州县长官节制，日后逐渐转变为军事地主，不事生产，快速堕落腐化。八旗制度同样是要驻守战略要地（江宁、杭州、广州、西安、成都等地），在这些城中专设满城，不与民人交往。旗民之间有严格的通婚、谋生、科举学额等方面的限制和差异。朝廷用国家赋税养活八旗兵丁，严格限制他们经商务农，雍正、乾隆等朝一度想改革旗政，向八旗兵丁授田自养，最终也不了了之。"铁杆庄稼"同样严重腐化了八旗的战斗力，嘉庆朝川楚白莲教起义时各地只能自编团练，到太平天国运动时地方团练更是发展出湘军、淮军，瓦解了清王朝的统治根基。

从另一个方面看，正是因为皇权依靠的族群集团身份特殊性的时刻提醒，征服王朝反而能在精神上达成超越性。

辽朝在历史上第一次主动地建构起一个采取二元治理体制的帝国，"兼制中国，官分南、北，以国制治契丹，以汉制待汉人。国制简朴，汉制则沿名之风固存也。辽国官制，分北、南院。北面治宫帐、部族、属国之政，南面治汉人州县、租赋、军马之事。因俗而治，得其宜矣"（《辽史·百官志》）。在宫廷内部，辽太宗下令北面官与皇太后（部族旧制的主要代表）穿契丹服装，南面官与皇帝本人穿汉式服装，凸显契丹皇室自身作为超越于农－草之上的普遍性秩序的象征，它不再是契丹人的王朝，而要成为一个普遍的王朝。为了治理多元帝国内部差异极大的地区，辽朝又先后设立五京，但其政治中心并不固定在某一个治理中心，而是在于四时捺钵，皇帝巡行到哪里，政治中心即到哪里，以巡游的方式来保持契丹人的游牧尚武精神，日常政治的治理则交由五京的官僚来处理。后世金、元、清也用某种方式，对辽代多元的治理结构，以及政治中心与治理中心的分离进行了继承。

金朝在立国之初曾经奉行二元治理，但十几年后便转为接受儒家化的一元治理。海陵王迁都燕京，压制女真勋贵，励精图治，鼓励农业，整顿吏治，规划征服南宋真正统一天下，导致女真勋贵共谋政变。金世宗号称"小尧舜"，儒学修为甚高，但他放弃了南下的战略考虑，否定了军事贵族所提出的还都上京会宁府的建议，仍都燕京，承认与南宋南北对峙的现实。为了治理中原，金朝已经深度儒家化，女真高层忧虑其塞外传统的丧失，将导致王朝败亡。儒学修为最高的金章宗规定，在拜礼中"公裳则朝拜，诸色人便服则皆用本朝拜"（《金史·礼志》），即在官员穿着公服呈现其帝国公共面相的时候，不论什么民族皆要依汉礼；在官员穿着便服呈现其私人面相的时候，不论什么民族皆要依女真拜礼。这种努力并没有阻止金朝因儒家化而丧失武力传统，为了防备草原部落南下，他们把长城修到大兴安岭北部，坐实了他们中原王朝的心态。

元朝的官制直接来源于武职，这就是怯薛制与达鲁花赤制两种制度。怯薛是蒙古大汗/元朝皇帝身边的护卫亲兵，其高层经常直接参与国家治理策划，往往身兼中书省、枢密院等部门的要职，皇帝以此来确保自己能对中央官僚体系进行制度外的控制。达鲁花赤的原意是镇守者、掌印者，他们是设置在各级地方政府的监治长官，通常由蒙古人或色目人担任。达鲁花赤不做具体的治理工作，但对做具体工作的行政官僚却有着直接的监督权力，以绕开官僚体系的常例性制度，直接向皇帝个人负责。怯薛和达鲁花赤与皇帝之间都有着一种主奴关系，它来自草原游牧部落的人身依附关系，这种关系通过血统便可轻易地被识别出来。元朝皇帝将草原上的主奴关系带入帝国的君臣关系当中，其影响具有双面效应：帝国的官僚体系因此丧失了公共性，像传统中原王朝那样，制约皇权的能力严重削弱，皇帝个人专权能力前所未有地提升；相应地，作为某种程度上的私人家奴，官僚体系的常例性运行因此受损，于是皇权作为制度性专权的能力也严重削弱，社会层面的感受反而是相对自由的。元朝的统治便是很矛盾地既专制又宽松，以至于朱元璋竟认为元朝失败的原因正是法令过于宽疏，才有了明初洪武体制那种无所不包又要深入人心的治理模式。

清朝继承并发展了辽朝开创的二元帝国治理技艺，在不同的文化-生态-经济区采用不同的治理方式，最高统治者也以不同的身份面目出现。中原地区主导清朝的财政，统治者用皇帝的身份治理农耕地区。满蒙主导清朝的安全，东北驻防八旗和蒙古科尔沁、喀喇沁各旗都是战时兵员首要抽调地，统治者以草原大汗的继承者获得在此的统治正当性。藏地以精神力量驯化蒙古，藏传佛教寺庙的固定制约了蒙古游牧的流动，从竞争激烈的游牧转向相安无事的驻牧大大削弱了蒙古人的武力需求。清朝为避免当年金朝被蒙古人击溃的历史重演，统治者在藏地以文殊菩萨转世的身份出现，乾隆甚至考据"满洲"一词与梵语"文殊"同源。

西域给清朝提供整体的安全战略空间，左宗棠在塞防海防之争中坚定地说"重新疆者，所以保蒙古；保蒙古者，所以卫京师"（《统筹新疆全局疏》），所以清朝平定西域后令八旗兵就地驻防，还征调察哈尔八旗、锡伯旗兵世代戍守当地。清朝因皇帝的多元身份而获得统一，多元帝国实现了内在的均衡。

军事力量是秩序的基础，保持军事能力需要与时代、民情相匹配的制度安排。前现代社会，军事能力主要包括两个方面，一是战斗技术，二是战争意识。战斗技术上农耕定居民族天然弱于草原游牧民族。战争意识来自物质激励、强烈的私人效忠和文明散播的责任感。任何政权的军事扩张都有一个硬约束条件，那就是财政资源汲取能力。这些要素相互组合搭配，就孕育出复杂多变的军事制度和战争传奇。

参考文献

陈寅恪. 隋唐制度渊源略论稿 唐代政治史述论稿 [M]. 北京：商务印书馆，2011.

李硕. 南北战争三百年：中国4—6世纪的军事与政权 [M]. 上海：上海人民出版社，2018.

雷海宗. 中国文化与中国的兵 [M]. 北京：商务印书馆，2014.

赵鼎新. 东周战争与儒法国家的诞生 [M]. 夏江旗，译. 上海：华东师范大学出版社，2011.

傅海波，崔瑞德. 剑桥中国辽西夏金元史 [M]. 史卫民，译. 北京：中国社会科学出版社，1998.

延伸阅读

岑仲勉. 府兵制度研究 [M]. 上海：上海人民出版社，1957.

谷霁光. 府兵制度考释 [M]. 上海：上海人民出版社，1962.

定宜庄. 清代八旗驻防制度研究 [M]. 天津：天津古籍出版社，1992.

食货第六

洪范八政,一曰食,二曰货。……二者,生民之本。

——《汉书·食货志》

食货第六

中国进入大一统王朝的历史是东周列国军事-财政竞争的结果。如果说军事是竞争中浮在表面的锦上之花,从中会诞生大量故事传奇为后世传诵,那么财政则是暗底潜流,一个国家的经济实力是其军事扩张的根底和约束。一股政治力量能扩展到多大规模,军事实力保证了底线,财政实力划定了上限。

在传统社会,中原地区最重要的经济生产形态就是种植农业。此外,周人很早就把统治区域扩大到整个北方中原地区,由于自然资源分布不均和交易需求的直接刺激,一些地方出现了一批工商业都会,随之而来的是商人阶层兴起和货币的流行。在大一统王朝建立之前,中原先民就已经自发地探索了各种经济形式的可能性。

为了支援政治、军事竞争,国家就在既有的经济产业基础上进行管控,汲取财政资源。就农业而言,国家汲取财政资源遵循两条路线:一是控制生产者,即国家控制农民;二是控制生产资料，即国家控制土地。然则只有人和粮食并不足以支应战争，军械、车马都不是纯粹的农业能够提供的产出，它需要手工业、商业、货币的协调。就手工业而言，国家强制实行工匠身份世袭制，采用超经济手段而非公平的商业方式，即用徭役或官办工场的方式获得低成本手工业产品。就商业而言，国家垄断盐、铁、酒的贸易权，排除民间商人，实行专营。食盐是生活必需品，铁是战略物资，酒是成瘾物，它们都有稳定的需求，产地集中且和市场之间有空间距离，方便国家控制生产沿途抽税。就货币而言，国家决定何时收放铸币权，用什么材料铸币。

东周列国漫长的军事-财政竞赛，以及大一统王朝对草原的积极用兵，过早地透支了文明的经济手段，秦汉帝国后的两千余年，王朝的财政思路大致仍然遵循先秦诸子和《盐铁论》的框架。同时这也塑造了中华文明不同于欧洲文明的一大特色，即政治系统深度干预经济系统，而非经济系统相对于政治系统拥有独立的空间，这甚至已经成了这个民族的一种文化习惯。

这种文明的底色塑造了东亚大陆漫长的大一统王朝。大一统王朝呈现的财经规律可以总结为：如果王朝治下的地理区域有足够规模的军事-财政资源可供汲取，那么一旦王朝的资源汲取成本降低到某个临界点，使得中央权力对于地方性权力具备碾压性优势，大一统的趋势也就不可逆转。大规模资源池、低成本汲取能力，这两个条件缺一不可。只要二者兼备，则哪怕一个大一统结束了，取代它的也不会是大分裂，而是下一个大一统。

中华文明的财经体制，既是空间概念也是制度概念。大规模资源池表现为特定的地理区域有足够丰富的资源，从而成为政治集团夺取天下的"基本经济区"；低成本汲取能力就是有特定的财政税收制度，政治集团的实际财政收益是财政收入与财政成本之差，一个政治集团能用越小的投入获得越大的收入，它的财政效率就越高，越能获得政治竞争优势。在前现代社会各地生产效率相差不大的情况下，财政成本高低主要取决于社会与朝廷之间的抗衡能力，这又取决于该时代的社会结构。社会当中多有豪族，有着较强的自组织能力，则朝廷的汲取能力便较低，这种情况下，大一统仍是可逆的；社会当中豪族都被碾碎，只剩如同一盘散沙的平民，则社会的自组织能力较差，朝廷的汲取能力便较强，大一统便走向不可逆。

"食"与"货"，本为生民之本，却成就了多少帝王将相的丰功伟业。

一、田制

作为农耕文明，历代王朝实施的制度中，与普通人关系最紧密的就是土地制度。中国历史上土地制度的主线是公田与私田的此消彼长，以及人身与土地的捆绑关系渐次削弱。在唐朝两税法实施以前，国家常以公田招徕农民耕种，直接获得收益，或者调节私田，防止过度兼并致使私人地主侵蚀国家税基。隋唐时期，承平日久，土地私有化的进展不可逆转。宋朝以后，官府若想取得官田，就不得不与民争地。

周初封建，周人的势力从关中一路拓展到滨海，其田制就是一种公共佃户的税制。宗法封建，同时封土封民，周人征服集团从关中遍布山东各地。他们以封君的封邑为中心，实行武装垦殖。封邑是有壕墙保护的聚居点，国人耕作的田地距离封邑不远，剩余的地方就是"野人"的散居地。战国诸子描述的"井田制"固然有理想化的成分，但其描述确有依凭。井田制最大的特征就是基于封建人身关系的劳役。土地被分割为小块的公田与私田，封君借助民力耕种公田，获得所有收成，完成封君劳役后，封民再去自己的私田上耕种获得收成。所谓"公事毕，然后敢治私事，所以别野人也"（《孟子·滕文公上》），这里先公后私、参与井田劳作的就是封建系统内的"国人"，有别于不需要耕种公田的"野人"。

井田制下的封君要想获得劳役地租，前提必然是高强度的人身依附关系和土地公有制（这是相对于农民而言，对封君而言土地是私有的）。在上古时代，劳役的积极性大多来自血缘共同体的情感纽带，这也应和了周代封建制的原则是基于血缘关系的宗法制度。宗法制最大的敌人就是时间，东方封国在经历了数代之后，人口繁衍，新开垦了更多土地，农民和封君之间的血缘和情感纽带日益淡漠，没有暴力强迫的劳役地租显然会宣告井田制的破产。

从鲁国的"初税亩"到秦国商鞅的"废井田，开阡陌"，表明东周列国国君逐渐意识到旧体制难以为继，于是通过对私田征税间接承认土地私有化。从井田制的公共义务劳动，到对私有土地征税，在形式上是从劳役地租向实物地租的转变，国君放弃宗法与封建制下同国人高强度的人身依附关系，不再需要他们义务共同劳动，而和农民按照税率分享收成。分成地租能大大刺激农民的生产积极性，加上牛耕、铁制农具的推广，国君收入快速增加。而分成地租需要复杂的数字管理，只能由掌握特定知识的新官吏完成。这些官吏不再接受封地采邑作为服务国君的报酬，而是享受固定的俸禄。这进一步刺激国君承认土地私有，扩大税收，以养活这些专业官吏。

商鞅的体制把这套逻辑发挥到了极致。战国时征发公共工程劳役和战争兵役再一次要求国君能强力控制人民，商鞅总结前人经验，实现了更为彻底的编户齐民：国家以法令强制人民打散为核心家庭，不许基于血缘关系的大规模共同体存续，然后什伍编制，构成金字塔式的总体性社会，再辅以军功爵制，使国家权力可以从中央直插到户。与之相匹配，为了在物质上激发人民的积极性，商鞅承认土地私有，允许自由买卖，给人民的军功赏赐也以土地为主："能得甲首一者，赏爵一级，益田一顷，益宅九亩，一除庶子一人。"（《商君书·境内》）出土秦简表明，即使军功爵要降等继承，军功赐田却并不需要降等继承，赐田主有权利分割、转让、买卖。

从秦到汉初，这套基于国家编户齐民和按地亩收税的体制基本延续下来。直到汉武帝时开疆拓土，"海内虚耗，户口减半"，"元封四年中，关东流民二百万口，无名数者四十万"（《史记·万石张叔列传》）。为了逃避国家的过度汲取，相当数量的农民选择亡入豪族门下，后者可以为农民提供强有力的庇护，汉宣帝时就有"宁负二千石，无负豪大家"（《汉书·酷吏传》）之语；汉成帝时"关东富人益众，多规良田，役使贫民"（《汉书·傅常郑甘陈段传》）。王莽改制，宣布天下田地尽是"王田"，朝廷重新分配，目的就是要限田限奴，把豪强手中的田地和人口转为朝廷控制。光武中兴，刘秀的政治同盟大多是山东豪族，然朝廷仍想尽力控制田地和人口，于是有了"度田事件"——朝廷强力推行清查人口土地，引起多地叛乱。到东汉中后期，地方豪族"井田之变，豪人货殖，馆舍布于州郡，田亩连于方国"（《后汉书·王充王符仲长统列传》）。豪强地主拥有自己的坞堡田庄，依附他们的农民成为其奴婢，组成效忠私人的部曲家兵，从而开启了东汉末年的军阀混战。

尽管田制在相当长的时间内都是土地私有制，但社会组织形态和农民与豪族的人身依附关系却有再度"封建化"的趋势。这种状态从汉末持续到西晋，又随着衣冠南渡延续到了南朝。

在北方，由于汉末军阀混战、西晋北方游牧民族内迁和南北朝对峙，中原地区人口损耗较大，出现大量无主荒地，于是朝廷将其收归国有，先后出现了曹魏的屯田制和北魏至隋唐的均田制。这两种政策的共同点是国家掌握大量无主荒地，定向赐授，招徕农民耕种，土地本身不得买卖，接受屯田或均田的农民对国家的人身义务与土地紧密捆绑。曹魏屯田，民屯每50人1屯，田地收成由农民与朝廷分成，使用官牛者，官六民四，使用私牛者，官民五五对分；军屯以士兵屯田，每60人1屯，一边戍守一边屯田。无论是民屯还是军屯，在行政管理上都独立于地方州县，屯田农民与士兵被束缚在土地上，实际成为国家的依附农。在特殊时期，屯田能快速安置流民，开垦荒地，恢复国家收入，但持久下去，这种超强的经济剥削和强力的人身控制就会失去吸引力，引发屯田农民的反抗和逃亡。

均田制同样是在国家掌握大量荒地的基础上实行的土地制度。在确定户口人数的情况下，每户男15岁以上给40亩露田（口分田）、20亩桑田（永业田），女15岁以上给20亩露田，奴婢相同。此外，丁牛每头30亩露田，限4头为止。桑田永以为业，不必退还官府，限制买卖；露田在田主年老或身死后须退还官府。隋文帝时限制奴婢授田，取消了丁牛授田；唐代进一步取消了妇女授田，只有丁男授80亩口分田、20亩永业田。到武周时均田制已形同虚设。均田制初行之时并未触动既有士族的田产，而是限制了新增人口的田产，限制土地过度兼并。均田制同时配合三长制、府兵制、租庸调制，受田者按官府要求耕种，收获物上缴国家租调，同时承担府兵兵役。三者结合组成了北朝到唐初的国家财政汲取体制。均田制折中公私，以官府掌握的土地招徕农民耕种，永业田提高了农民的积极性，口分田则作为农民承担的国家税责和兵役成本。这让北朝只需要花费较少的成本就能得到一支军队。

随着朝廷掌握的田产越来越少，均田制宣告消亡，与之相适应，天下田地均为私产。唐德宗时宰相杨炎设计两税法，每年两季，按户口纳钱，按田亩纳粮。国家正式承认了田亩私有，此后千余年大方向再未改变。

宋代"与士大夫治天下"，而士大夫正是地主的重要组成部分。故而朝廷不再用政权力量重新分配土地，不再调整土地占有关系，不干预土地私有制发展，土地买卖自由，以至后世认为宋朝"不抑兼并"。宋代朝廷掌握的官田占总体田亩比例已经很低，神宗朝仅为十分之一，王安石变法推行出卖官田，官田比例进一步降低到七十五分之一。到高宗朝，朝廷对待田地的态度与地主无异："朝廷拓地，譬如私家买田，倘无所获，徒费钱本，

得之何益？"（《建炎以来系年要录》）

繁荣的市场经济和发达的科举制度，让社会流动变得快速、频繁，土地交易日渐发达，"贫富无定势，田宅无定主"（《袁氏世范》），"千年田换八百主"（《稼轩长短句》）。与之相应，宋朝规范了土地买卖手续，官府还从中抽取契税，保护和承认土地私有与买卖。土地频繁交易的同时，土地经营却日趋稳定。随着占城稻的引入和江南精耕细作的土地开发，田地单位产量显著提高，佃户缴纳田租后仍能生活下去，土地租佃关系在南方发展起来。田底权（所有权）和田面权（耕作收益权）逐渐分离，田主可以频繁交易土地的所有权，但佃户的耕种权受到保护，是为明清江南永佃制的萌芽。

女真人入主中原半壁江山后，北方的土地制度走向了另一个岔路。金代女真人实行猛安谋克制度，举族内迁，直接在中原地区设立猛安谋克村落。金朝朝廷采取括地政策，利用政治力量强占原有民田并重新分配，以满足内迁女真人的需要，例如以军功赏赐土地给女真贵族，或让它们成为猛安谋克村落的田地。原有耕种田地的汉民则随地成为女真隶农，丧失了平民身份。元朝时蒙古人籍没前朝官田、收走无主荒地，使其成为本朝官田。但总体而言，朝廷对原南北地区的土地制度干扰较小。特别是蒙古南下时，江南诸多大地主选择投降蒙古人，保全了自己的田产。元朝基本维持了原金朝、南宋在各自地区的制度。经过两百余年的发展，南方土地私有制覆盖范围更广，土地交易发达，地主的土地经营模式主要是租佃制；北方土地私有程度低，大量隶农耕种官田，相当于国家佃户，土地所有权相对稳定，土地经营模式主要是自耕加雇工。

明清两代总体上仍遵循了宋、金、元的传统。官田方面，明清皇室都继承前代官田，并扩大圈占土地。这些土地被称为皇庄，为皇帝私人土地，租给佃农耕种，收入直接进内库。明朝分封藩王，为他们圈占大量土地成为王庄；清初则有八旗圈占土地成为旗庄，两朝统治集团都有大量的田庄。私田方面，明初洪武体制虽然在人群身份上控制很严格，但在田制上仍延续土地私有制，土地可自由买卖，官府只用鱼鳞图册详细记录。鱼鳞图册每十年修造一次，更新田地信息，作为纳税依据。清代同样承认土地私有、自由买卖，继承了明朝的税收记录，以此为清初各省税额的依据。

总体而言，中国历史上的土地制度发展，大致有三个趋势：一是国家控制田地并二次分配，对田地的控制逐渐减弱；二是土地私有与自由买卖逐渐发达；三是人身和土地的关系逐渐解绑。

二、税制

中国历史上，田制与税制密不可分，农耕文明最主要的物产就是粮食，国家财政也来源于此。历代田制都必然有相配套的税收制度。中国历代税制，要而言之分为三部分：田租、口赋、力役（徭役和兵役）。它要求国家能强有力地控制基层编户齐民，这也意味着个人相对于国家的人身依附关系。宋代以前，基层编户齐民若想逃离国家的过度汲取，就只能亡于豪族，用对私人的人身依附换取相对的自由；否则就是做无地流民，专以暴力抢夺为生，如绿林赤眉、黄巾军、北府兵、黄巢、李自成等，历代大型民变背后都能看到流民的力量。

周初封建是集团式的武装拓殖，这意味着周政的土地制度实质上带有相当程度的集体公共属性，而不可由个人自由开垦。井田制本质上就是拥有权力正当性的封君和负责开垦的封民之间分配收获物的一种方式。其经济形态为地租（劳役地租），政治形态就是国家赋税。在井田制中，国人因公田劳役义务而与封君发生人身控制关系，这个关系不能用其他通货赎买，个人、土地和宗法封建三位一体。

春秋时期井田制崩溃，人口的繁衍和耕作技术的发展让人们在公田之外开垦了更多私田，公田与私田的数量和比例失衡，而且人们无心助耕公田，于是为了公室收入，诸侯纷纷对私田按亩收税,间接承认了私人土地占有。鲁国的初税亩、齐国的相地衰征、秦国的初租禾,实质逻辑都一样,即根据地亩数量按照收成比例收取田赋。

战国时的列国军事-财政竞争,除了田赋以外,还有力役。相比于西周和春秋的无为而治,战国七雄都尽力发展大型水利工程,修筑长城保卫边境,扩大军队备战,公共劳役和兵役是底层百姓除了田赋之外另外需要付出的"人身税"。既然要征发民力,那么国家必须实施强有力的人身控制,这也是商鞅变法改革户籍、实行什伍连坐、强制分家的目的。

秦始皇虽一统天下,但对外征伐和大规模工程(长城、始皇陵、阿房宫)并未停止,秦朝的田赋比率一度高达三分之二。力役方面,秦律规定百姓一人在服役期内要完成"更卒""正卒""戍卒"三种徭役。更卒每年役期一个月,在郡县内参与公共工程;正卒役期一年,参与咸阳或边境的国家级大型工程;戍卒一年,在边疆服兵役。从空间上看,战国时期列国疆域有限,如此征发力役百姓尚能承受;大一统王朝的疆域空间扩大,山东六国故民若要去关中或北疆长城服役一年,前后的路程行走、准备需要的时间几乎与服役时间一样长。百姓苦不堪言。陈胜、吴广起事,就是他们在督送闾左谪戍渔阳的途中。

汉初与民休息,田赋降至十五税一,还经常减半。汉朝施行如此低的税率,经过七十多年的积累,到武帝朝初期,出现"京师之钱累巨万，贯朽而不可校。太仓之粟陈陈相因，充溢露积于外，至腐败不可食"（《史记·平准书》）的局面。汉武帝正是利用这笔财富开始了长达二十余年的汉匈战争。直到武帝朝末年"海内虚耗，户口减半"，普通农民为了逃避国家过度汲取亡入豪族。这个趋势一发不可收拾，中国历史由是进入了国家（朝廷）与地方豪族漫长的博弈期。

曹魏实行屯田制和北朝实行均田制的意图，都是国家利用手中掌握的无主荒地和豪族争夺农民，将豪族私人隶农转为国家隶农。屯田制的授田虽然免费，但承接田地的军民因此也要承担土地附加的义务：不得买卖，定时与朝廷分享收成。屯田之外，曹魏对正税也相应地做了改革，田赋改汉代之制，改分成租为定额租，每亩四升；口税每户出绢二匹、绵二斤。

北魏实行均田制之后，相配套实行租调制，每户一对夫妇每年向国家缴纳一匹帛（调）、二石粟（租）。隋文帝改革，增加了徭役（庸），因减少妇人授田，征税单元改为"丁"。每丁每年要向国家缴纳粟二石（租）；缴纳绢二丈、绵三两或布二丈五尺、麻三斤（调）；服徭役三十天（后改为二十天），是为正役，丁口也可按照折价交绢布抵偿徭役，是为"输庸代役"。"租"对应均田制中的露田（口分田）产出，"调"对应桑麻田（永业田）的产出，"庸"则是承受免费均田的农民对国家的人身义务。所谓"有田则有租，有家则有调，有身则有庸"，三者的关键都在于国家控制人口而非土地，税收形式是定额而非分成，都是人身义务而非基于田亩的税收。

两税法是均田制崩溃、土地私有化的结果。"两税"分为两层含义：一是税收形式分为田租、口赋两种，无论主客均在现居地就地纳税，按户等纳钱，按田亩纳粟米；二是两税分夏、秋两季征收，夏税不过六月，秋税不过十一月。相比租庸调制，两税法大大减轻了国家对农民的人身控制，除了人丁税，人若名下无田即可不纳田赋，而且其税收标准更为合理，根据土地产出多寡、人户富裕程度分等纳税。两税之中，田赋是正税，向田主征收，口赋是"调"和"庸"的合并，象征着国家残存的对百姓的人身控制。

两税法是如此成功，以至于唐德宗以下一千余年，历代王朝基本遵循了这种税收制度，少有彻底改动。其实施衍生了两个重要结果。首先，田赋只向田主征收，那么租田耕种只缴私人田租而不必缴纳国家田赋，二者的差价就有了市场空间，为宋到明清土地租佃制的发展创造了条件。其次，劳役纳入口赋，交钱代役，只有货币才能实现劳役在不同人之间的自由转换，由此也开启了中国税收货币化的历程。货币以其自身抽象等价物的形态，将人们从实物税的具体义务形态中解放出来，刺激民间市场发展，加速了社会变迁和流动。

北宋王安石实行免役法，让百姓出钱赎买劳役义务，就被时人批评，两税之中的口赋已经包含了劳役赎买，免役法是二次加税。明朝时张居正实行一条鞭法，把田赋、夫役和其他杂税合编为一条，统一按田亩核算征收。除苏、松、杭、嘉、湖地区征收本色漕粮支应北京外，其他地区田赋一概改收折色银，彻底实现税收货币化。自此农民的田赋也从实物义务转向货币义务，刺激了粮食市场发展和经济作物种植，解放了农民劳动力。清朝时，康熙宣布"盛世滋丁，永不加赋"，冻结了人丁税数值；雍正推行摊丁入亩，将丁税合并到田赋之中，自此中国农民彻底摆脱了人身负有的国家义务关系。

在正税之外，承平时期若遇雄主欲开拓财源，补充税收不足，一项重要的政策就是盐铁专营。盐是人的生活必需品，但盐场产地集中，只在山东与两淮沿海、山西运城盐池和四川盆地分布。食盐的熬制、收集、转运、销售是一条专业的产业链。同样，铁器也是农民日常生活必需的消耗品、国家重要的战略资源，需要专门的工匠制造。控制这些必需品的销售，国家就能有稳定的财政来源。

管仲在齐国的改革，兴盐铁之利，推行"官山海"，是中国盐政之始。齐国制盐，以民制为主、官制为辅。民制之盐由官府收购，官府运销，盐价本身就包含盐税，由是齐国之富一直延续到战国末年。此外其他各国基本实行自由开采售卖政策，一直到秦始皇统一天下和西汉初年，都未有大改变。

汉武帝连年用兵致使国库空虚，眼见盐商和有盐利的诸侯国都拥有巨额财富，遂采用张汤的建议，将天下盐铁之利尽收官府，在郡国各地设置朝廷的盐铁机构，任用此前的盐商冶商为吏，收占豪强、富商盐铁产业，由朝廷直接组织生产、转运、销售，是为"盐铁专卖"。这项政策在一开始就被视为与民争利的敛财之策，汉昭帝时朝廷诏令天下贤良文学之士反映民间疾苦，皆曰："愿罢郡国盐、铁、酒榷、均输，务本抑末，毋与天下争利，然后教化可兴。"（《汉书·公孙刘田王杨蔡陈郑传》）盐铁官营主持者御史大夫桑弘羊坚决反对，朝廷组织双方直接辩论，最终成书《盐铁论》。但朝廷不愿放弃如此大的财源，直至西汉灭亡。

由此在盐铁经营体制上，中国形成了两个极端类型：一是听任民间自由制售，二是全部由朝廷专营。历代王朝视其行政能力高低，在这两种极端类型之间不断摆动。

东汉光武帝为休养生息减轻赋税，罢除盐铁官营，听任其民营，唯在主要产地设置盐官，就场征税。三国鼎立，各家均努力扩充朝廷财源，均采用汉武帝的盐铁官营，这个制度为西晋继承，并随衣冠南渡，一直持续到南朝结束。同一时期北朝则征税、专卖交替不常。隋朝统一到唐开元年间，基本没有专门的盐税。唐玄宗为支应对外战争，重开盐税。唐肃宗为应对安史之乱，进一步确定官府深度参与食盐贩运的榷盐法，官府在盐场就地收买民制食盐，再集中售卖给盐商，盐商负责转运零售，是为就场专卖。宋承唐制，更改虽多但实质并无根本不同。宋徽宗时蔡京设立"引法"，以引票作为盐商在官府缴纳包含税费在内盐价的凭证，行销内地，同时明确划分内地盐区销售界限，为后世沿用。

明朝时盐政与边政挂钩，成为解决边疆军需的一种途径。洪武年间行"开中法"，由户部出榜召商，令其输粮于边塞或其他缺粮地方，政府收粮机关登记所纳粮数及应支盐数，填给仓钞；商人持钞投产盐地运盐使司换取盐引，持引赴盐场支盐，运赴指定地区销售。大体上仍然是就场专卖，但盐商若想获得盐引需先为九边运粮，实际上是用盐商的利润填补朝廷的备边开支。开中法施行后，盐商为便于纳粮报中盐引，各就边地召民垦荒种粮，并结堡自保，是谓"盐屯"，同时达到了节省转运、充实边饷、开发边疆的效果。晚明盐引泛滥，盐商凭引甚至无盐可支，万历朝改立"纲法"，按照既有盐商所持盐引数量编制纲册，每年按照纲册记载数量派行新盐引，纲册无名的商人不得参与盐业，官府退出盐业转卖，只就场征税。

清代进一步严密明制，灶户制盐，垣商在场收盐，行商纳税领引行盐，运司统辖各商并掌管盐引、收税、放盐。行商凭盐引向世代相传的售盐区（引岸）售盐，甚至仅凭引岸招徕租商行盐，自己只收盐租。于是盐商世代积累巨额财富，尤以引岸面积广阔的两淮盐商为甚，他们聚居的扬州城也成为可与苏杭匹敌的大都会。朝廷将食盐和引岸世代经营视为恩典，因此遇有战事、庆典、营建、南巡，均需盐商报销，再加上让整个官商系统运行起来的陋规费、养廉银，后期盐商苦不堪言。道光时试行票盐制，不再规定专商引岸，然太平天国军兴，曾国藩仍以大商特许经营，以求官府增收盐利，直至清亡。

盐课本质上是一种商业税，然中国古代重农抑商，始终将田租、口赋视为正途，这也是大一统王朝诞生之初经历过军事-财政竞争洗礼后保留下来的文明基因。政治集团只有控制人口、握有粮食，才能在竞争中胜出，而残酷的战争不利于商业发展，商人快速积累财富还容易成为地方势力威胁官府，所以历代均采用重农抑商的政策，故而商税不张。清代田赋正税征收已经达到历史之最，基本稳定在4000万两白银左右，很难有质的飞跃。

直到西方列强到来，中国陷入前所未有的变局之中，晚清财税格局才有质的变化。西方列强强行打开中国的国门，中国逐渐被纳入世界贸易体系之中，海关税逐年上升。英国人赫德执掌的中国海关，是近代中国最早现代化、专业化的官僚机构，保证了关税征收的效率。太平天国运动使清廷军费开支骤增，只得允许各军将领自设税卡，抽取厘金，即内地百货商税。内地商税增加则有赖于内地和沿海开埠口岸之间的商业网络。到"同光中兴"之时，关税、厘金、盐课三者总和已经超越田赋，到甲午前后清廷年收入达8000万—9000万两白银,这在传统社会是难以企及的高度。

三、货币

中国历史上的税制变化,最重要的线索就是国家对农民人身控制渐次递减,这个进程的关键又是货币。只有作为抽象的一般等价物的货币,才能把农民从对国家的具体义务中解放出来。首先是赎买徭役,其次是赎买各类杂物供奉,最后是赎买粮食。明清时期农民将自己的收成经由市场转换为货币,上缴赋税,国家再用货币到市场采买所需,这种体制的经济活力显著高于中古时自给自足的庄园经济,百姓的生活也更为自由。

然而纵观历史,中国长期处于通货紧缩状态。由于缺乏金银等贵金属矿藏,铜一直是货币原材料的主力。铜虽然易分割、耐储存、单位数量价值稳定,但产量远远大过金银,因此价值过低,只能用作小额货币,由此限制了基于货币的商品贸易。汉唐之间,数百年离乱,封建庄园经济再起,商品贸易一度萎缩,导致相当长的时间内中国几乎没有金属货币,全靠绢帛等实物代行通货职能。在贵金属匮乏的情况下,古人还实践出交子、会子,是为人类最早的纸币。从元朝到明初,法定货币一直是纸币宝钞。直到大航海时代到来，海外白银流入，才真正解决了贵金属匮乏的问题，明清市场经济大为发展，税收货币化，国家对农民控制放松，才有了我们熟悉的近代"前夜"的"传统社会"。

中国最早的货币出现时就已经是青铜材质。此前人们认为出土的商周之际的海贝是最早的货币，但无论从用途上还是时人认知中我们都能看出，从印度洋漂洋万里传到中国的海贝只是一种宝物。逮至东周时期，人们开始用青铜仿铸海贝，是为铜贝，这才算进入货币阶段。中国最早的铸造货币就是出土于山西忻州保德县商墓的铜贝。

春秋战国时期，经济生产水平显著提升，跨区域贸易已经初现。各地物产为人所知："夫山西饶材、竹、榖、纑、旄、玉石；山东多鱼、盐、漆、丝、声色；江南出楠、梓、姜、桂、金、锡、连、丹沙、犀、玳瑁、珠玑、齿革；龙门、碣石北多马、牛、羊、旃裘、筋角；铜、铁则千里往往山出棋置：此其大较也。"（《史记·货殖列传》）子贡、猗顿、范蠡、白圭、吕不韦、巴寡妇清、乌氏倮，这些大商人或经营一地特产，或居于交通要道沟通有无，不仅家财累至千金万金，还深度介入诸侯国的政治之中。显然，如此大规模的商业活动没有充足的货币供应无法开展。

这一时期货币的主要材质是青铜，即周人所谓"金"。按照分布地域和货币形制共有四个体系：一是东周洛阳和三晋地区通行的布币，二是燕、赵、齐之地的刀币，三是秦、魏的圜钱，四是楚地的铜贝。如此也能大致看出春秋战国时期经济地域的基本分野。一般认为布币、刀币、圜钱是古人在仿制铲、刀、纺轮等生产工具，然而青铜本身单位价格不高，若单纯以青铜度量价值直接用方便铸造的铜块铜板即可，没有必要花费工本仿制时人观念中没有甚高价值的生产工具。那么另一种可能的解释就是这些青铜铸币的确是在仿造一些东西，但对象不是生产工具，而是礼器：布币仿制镈钟，刀币仿制战刀，圜钱仿制玉璧，如此正能对应铜贝仿制海贝。"国之大事，在祀与戎"，四种货币形态均与礼器兵器有关。如此才能具备大家公认的价值。

秦半两和汉五铢两种钱将计量单位固定在重量之上，说明战国末期到秦汉初期铜产量快速攀升，货币价值已经不需要通过仿制宝物来代表，直接等同金属本身的重量即可。汉初仅七十余年，"京师之钱累巨万，贯朽而不可校"。废帝海昏侯刘贺的墓中也出土了二百余万枚、总重达十余吨的五铢钱。这些都只是皇室朝廷掌握的货币，只是全国流通货币的一小部分。

汉武帝实行货币改革主要是为了收回此前放任民间的铸币权，重定币值以支应对外扩张。汉初无为而治，就连铸币权也下放郡国民间，凡有能采矿冶铜者即能铸钱。汉文帝专门赐给佞幸邓通一座铜山，邓通得以自铸货币，遂成巨富。但是民间私铸货币形制不一，不利于商业流通和朝廷管理。武帝朝接连六次货币改革，最终将铸币权收归中央，由朝廷统一铸造形制上乘的五铢钱，解决了困扰朝廷多年的私铸盗铸、劣币泛滥的问题。此后五铢钱通行七百余年，至唐初高祖李渊更铸开元通宝才被全面替换。

五铢钱能行用如此长的时间，另一个种子也是汉武帝种下的。东汉以降，历经魏晋南北朝，商业不通，民间缺乏交换需求，官府铸币较少，形成了通货紧缩的状态。货币流通的前提是交换需要发达，农业社会只有在小家庭生产经营的情况下，才会出现自身无法生产所有生活物品的情况，小农户天然需要商品交换，这也是战国以降，秦汉编户齐民制度运转良好时钱币需求旺盛的重要原因。汉武帝过度用兵导致"户口减半"，百姓亡入豪族之家，地方豪族崛起，其田地接国连郡，生产方式主要是大规模庄园经济。庄园经济具有很强的封闭性，由于人口众多，庄园内部就能形成农业和手工业分工，所有生活用品都能在庄园内部生产，豪强及其隶农自然没有商品交换的需要。魏晋及北朝，朝廷都要求参与屯田和均田的百姓上缴实物赋税，同样不需要货币。

这种转变在东汉时期已经初露萌芽。东汉一朝仅铸造过三次铜钱，且数量不多，尚不及武帝朝货币改革时的铸币频率。到东汉末年，就连既有的五铢钱也难以为继，董卓还毁五铢，铸小钱，导致币值不足，"谷一斛至钱数百万"。这一方面是铜产量不足，造成足值的货币总量不够，另一方面是新铸小钱币值不足，导致出现人为通货膨胀，市场混乱。三国时蜀汉、东吴还曾铸造当百、当五百的大钱，都和王莽一样以失败收场。曹魏和后来的司马晋选择放任自流，仍继续使用留存于世的五铢钱，如果货币不足，就改为易物贸易。北朝时期推行租调制，超出现实需要数量的绢帛代行了部分货币的职责，成为当时价值衡量的标准。北魏胡太后赐百官负绢，令大家量力自取，并不是当时朝廷高官都缺绢帛做衣服，而是绢帛本身已经是公认的硬通货。直到唐朝，这种惯性仍然存在，白居易《卖炭翁》所云"半匹红绡一丈绫，系向牛头充炭直"就是当时用绢帛充当货币的写照。

宋代仍有通货不足的困扰。北宋时曾划出多地为铁钱流通区，被视为世界最早纸币的"交子"主要是四川人应对没有金属货币的困局而想出的无奈之举。南迁之后，宋朝还是未能找到新的铜矿源，致使铸币减少。朝廷从而将眼光转向新兴的白银和纸币，把四川的经验推广到全国，发行"会子"。从宋代税收的复合单位制我们就能看出来，这是一个物产高度发达但货币不足的社会。宋制，"凡岁赋，谷以石计，钱以缗计，帛以匹计，金银、丝绵以两计，藁秸、薪蒸以围计"（《宋史·食货志》），神宗熙宁十年（1077年）两税岁入总计"五千二百一万一千二十九贯、石、匹、斤、两、领、围、条、角、竿"(《文献通考·田赋考四》)。数量不可谓不高,但并未统一为货币,而是各色事物直接上缴,钱、金银只占其中一部分。

元代是亚欧商路有史以来第一次被笼罩在一个统一政权之下,也是亚欧商路最后一次繁荣时期。繁荣的商业与匮乏的通货,令元朝长期实行单一的纸钞政策,严禁白银流通。但在现代银行业和货币政策诞生前,统治者很难抵挡滥发纸钞的诱惑。周期性的通货膨胀让民间不得不借助白银来使自己的财产不至于缩水。于是白银作为货币就在时弛时禁的情况下逐渐发展。

明初洪武时天下初定,银、铜缺乏,延续了元代的钞法,未几大明宝钞也贬值成了废纸。到明成祖和明宣宗时,朝廷仍严禁民间金银交易。直到明英宗时,朝廷才承认白银的现实地位,同意江南租税折收布帛或白银的建议,此后白银成为国家税收的法定支付手段,米粮均折为白银入库,谓之"金花银"。明神宗时张居正实行一条鞭法,将税收力役一体折银缴纳,白银便在平民的日常生活中变得必不可少。

明朝中后期最终实现白银货币化和货币白银化,并不是因为在大陆发现了新银矿,而是大航海时代到来,美洲与日本的白银开始流入。中国的手工业产品行销海外,处于出超地位。正是有海外白银的支持,张居正的一条鞭法才能推广全国。步入17世纪前半段,欧洲发生三十年战争,使得宗主国和殖民地贵金属的对外供给受到严重影响，同时日本政府在17世纪开始控制银矿，日本白银在1639年曾停止对华输出。这些都导致崇祯朝白银流入锐减，白银价格高企，钱价下跌。白银价格上涨，用白银纳税的百姓负担就加重；铜钱价格下跌，百姓的日常小额消费受阻，生活困窘。而这两个现象叠加，使百姓生活状况恶化，也成为明末内患的重要因素。

虽然经历明清鼎革的波折，白银还是站稳了官方货币的地位。然而朝廷并不发布法定的白银货币形态，白银以"两"为单位称量流通，官私皆可铸造银锭。铜钱时代的问题依然延续了下来：如何保证铸造货币足值。这个问题在使用银锭的情况下始终无解，只能依靠经手人的经验。

明后期银锭成色多用"纹银"表示足色银，因为成色优良的银子在铸造过程中，银水凝固时能出现细密的纹路，所以银锭上的纹路成为人们判断成色的直观标志。此外明清两朝发展出发达的地方公估局鉴定体系。公估局主要凭借眼力判断成色、定真伪，并将判定结果墨书或戳记于锭上。公估局对外来银锭估批收取费用，如出问题则由公估局负责。乾隆后，白银铸造技术提高，银锭成色多高于纹银，但是纹银成色标准深入人心，故国家税收、一般物价仍以纹银表示。于是"纹银"就成为通行的观念货币单位。

自乾隆初，随着中外贸易发展，海外白银以银币的形态大量流入中国，至嘉庆、道光朝大盛，按《清宣宗实录》（清宣宗即道光）载："自闽、广、江西、浙江、江苏，渐至黄河以南各省，洋钱盛行。凡完纳钱粮及商贾交易，无一不用洋钱。"因为银币成色稳定，携带计量方便，在南方地区的日常小额交易中，银圆已经在很大程度上取代银两，以至于清代银锭在南方很少出土。第一次鸦片战争英国人也很习惯地要求中国赔偿银圆而不是银两。清代西洋银币种类多样，同样是道光时，"而大髻、小髻、蓬头、蝙蝠、双柱、马剑各种番银，亦潜输内地以规利，自闽、广通行至黄河以南"（《清史稿·食货志》）。

民间对银圆这种标准货币的欢迎反衬出清政府的迟缓，直到张之洞督湖广，他才率先在湖北尝试自铸银币。随后清末新政时，为了统一全国币制，清政府在以国际公制为基础确定国内度量衡的基础上，决定以七钱二分的重量、银九铜一的比例铸造"光绪元宝"，从而开启了中国银圆的历史。此后的民国银圆也继承了这一方案。在国家规定的成色和重量双重加持下，银圆在全国范围内建立起了信用，成为20世纪前期全国通行的主要货币。此时中国经济才有了现代化的可能。

中华文明以农业为本，但是农业生产的组织形态在文明的萌芽期就与国家权力密不可分。周人向东封土建邦，实际就是一场武装拓殖。农业耕作不是个体化的自由劳动，而是共同体为了保卫安全的必要生产，让个人让渡自己的劳动和人身自由，获取封建共同体的存续。田制与税制一开始就紧密联系在一起，两千余年的发展就是农民个人不断摆脱国家和豪族人身控制的过程。其中的中介要素就是货币，唯有货币这种抽象的一般等价物，才能让百姓个人脱离具体的赋税义务关系。与百姓个人脱离具体的赋税义务相伴的，是一个充分发展的稳定的商品市场。自由的个人和充分的商品市场，是中华文明接入现代社会的可能和底气。

参考文献

包伟民. 宋代地方财政史研究 [M]. 上海：上海古籍出版社，2001.

黄仁宇. 十六世纪明代中国之财政与税收 [M]. 北京：生活·读书·新知三联书店，2015.

刘志伟. 贡赋体制与市场：明清社会经济史论稿 [M]. 北京：中华书局，2019.

刘秉麟. 近代中国外债史稿；中国财政小史 [M]. 武汉：武汉大学出版社，2007.

赵冈，陈钟毅. 中国土地制度史 [M]. 北京：新星出版社，2006.

朱嘉明. 从自由到垄断：中国货币经济两千年 [M]. 台北：远流出版公司，2012.

西嶋定生. 中国经济史研究 [M]. 冯佐哲，邱茂，黎潮，译. 北京：农业出版社，1984.

宫崎市定. 东洋的古代 [M]. 张学锋，马云超，尤东进，等译. 上海：上海古籍出版社，2018.

堀敏一. 均田制的研究 [M]. 韩国磐，林金立，李天送，等译. 福州：福建人民出版社，1984.

延伸阅读

杨斌. 海贝与贝币：鲜为人知的全球史 [M]. 北京：社会科学文献出版社，2021.

钱穆. 中国历代政治得失 [M]. 北京：生活·读书·新知三联书店，2018.

江湖第七

君知天地干戈满,不见江湖行路难。

——《夜闻觱篥》

江湖第七

分析中国之社会,钱穆有言:"应可分四部分,一城市,二乡镇,三山林,四江湖。"城市就是古代都邑,从京师到县城,不同等级的城市是国家权力所在,是治理体系的象征;乡镇是城市外百姓所居,百姓耕种于乡间,采买交换于市镇;山林是精神文化寄托之所,其间有佛家名山、道教洞府、儒家隐士;江湖是上述平静的三者之下涌动的暗流,暗流中古有任侠游士,今有帮会教门。

中国社会进入大一统王朝之后,因其空间规模巨大,实际上是一个双层结构:明面上,是朝堂与政治、文学与儒林、乡村与田园组成的正统秩序;暗地里,还有游离在秩序之外的人群,他们自发组织起来,成为一个没有政治控制的"社会",其中既有主动疏离秩序的失意官吏谋士、文人骚客,也有被秩序拒绝甚至镇压的盗匪游侠、帮会教门。"暗社会"通过合法或不合法的产业与"明社会"发生关联,特别是在王朝鼎革、社会动荡之时,江湖社会往往浮现出来,成就时代转机。

"江湖"在先秦时的本义,泛指江水与云梦、彭蠡两大泽共同组成的广阔水面。因其距离中原诸夏之远,被视为边外之地,颇有孔子"乘桴浮于海"之意。又因范蠡在越王勾践灭吴之后及时脱身,"乃乘扁舟浮于江湖,变名易姓,适齐为鸱夷子皮,之陶为朱公"(《史记·货殖列传》),"江湖"一词被增添了远离朝堂政治纷争的避世之义,后世多有"江湖客"的浪漫想象。汉代长江中游地区初步开发,但又颇为偏远,于是成为盗贼聚集之处,"江湖中多盗贼"。

无论是文明空间意义上的边界,还是范蠡式的逃离朝堂,再或是违法犯罪的盗匪,江湖相对于正常社会而言都意味着"脱序"。

宗法封建时代,脱序就是脱离宗法封建体制,这以春秋战国时期的游士为典型代表。他们生于宗法封建体系之中,习得了知识,却不受宗法封建约束,游走于诸国之间,"无恒产而有恒心者,惟士为能"。大一统时代,脱序就是脱离国家控制的编户齐民体制。他们往往是破产农民,居无定所,又不愿亡入豪族丧失身份自由,于是就成了"流民"。此外,贯穿两个时代始终的还有任侠。任侠往往是地方豪强,他们一方面身处于明社会的国家秩序之中,积累财富声望,另一方面又游走于暗社会的秩序边缘。任侠因其天然的领袖气质、家中资财和武力,抑强扶弱,建立起独立于国家体制之外的社会秩序。所谓"儒以文乱法,侠以武犯禁",这里的犯禁并不限于个人的违法行为,还有违背政府规定的禁令,建立起地方性个人权威的含义。

在终结中国传统社会的近代三场运动中,都能看到江湖的影子。太平天国起事前,杨秀清、萧朝贵等烧炭贩盐,游走于江湖之中;义和团运动,其根源可以追溯到晚明以降北方地区的习武传统以及民间信仰和教门组织;辛亥革命,孙中山的历次反清暴动联络的都是南方和海外华人会党,这些会党既有晚清开埠沿海码头帮派林立的基础,也有清初以来南方汉人反清复明秘密结社的根源。由此可见,江湖在近代剧烈变局中起到了各种灰色作用。

一个社会,既有里子也有面子,江湖就是中国社会的里子,没有江湖的中国历史就不完整。

一、游侠

在宗法封建社会的解体过程中,最先脱序的就是底层边缘的封建贵族,他们大多转化为游士,通过自身的专业知识在各个诸侯国之间谋生。游士兴起得早,结束得也早。进入大一统王朝后,游士开创的知识传统发展为国家的正统秩序建设,游士这个阶层也就随之消失，转变为王朝的文官。

如果说游士是在宗法封建体系解体中被动地脱离原来的秩序，那么游侠就是主动地选择一种生活方式。

"游侠"之义可分为两个层次："侠"之本义虽为尚武之人，但司马迁却赋予其一种人格魅力，"然其言必信，其行必果，已诺必诚，不爱其躯，赴士之阸困，既已存亡死生矣，而不矜其能，羞伐其德，盖亦有足多者焉"（《史记·游侠列传》）。"侠"作为一种生活方式，突破的是日常的伦理俗行，言必信、行必果，为了自己的承诺而公然违背社会正常规范也在所不惜。这种个人魅力常常吸引大批追随者：战国四公子豢养大批门客；朱家藏匿、救活豪士数以百计；郭解厚施薄望，近县贤豪争相交往。所以司马迁将单纯用个人武力践行诺言、予夺生杀的侠士列入《刺客列传》，并不把专诸、聂政、荆轲等人视为真正的"侠"。游侠成就一方势力，势力一大，往往就和国家政权发生冲突。司马迁生活的时代尚有先秦遗风，颇为崇敬游侠，到了大一统帝国意识已经深入人心的东汉，班固只能说"于是背公死党之议成，守职奉上之义废矣"（《汉书·游侠传》）。

"侠"的另一个特点在"游"。豢养门客只能增加游侠在地方上的影响，跨越州郡的交游则能为游侠带来全国性的声望。鲁地朱家仗义疏财，急人之所急，以致家无余财，"自关以东，莫不延颈愿交焉"（《史记·游侠列传》）。洛阳剧孟因侠行而家无余财，但其母死，自远方来送丧的车辆有千余乘。洛阳郭解虽穷，然声望过大，虽家财不达标准但也被皇帝钦点迁徙到关中茂陵，关中贤豪不论认识不认识，听闻郭解到来都争相与之交往。西汉末年楼护曾为京兆尹属吏，好交游，甚至结交外戚王氏，楼护母死，"送葬者致车二三千辆"（《汉书·游侠传》）。汉末群雄逐鹿，能够起事而成一方诸侯者，也多有游侠之风。董卓"以健侠知名"；袁绍"以豪侠得众"；刘备"好交结豪侠，年少争附之"；徐庶"少好任侠击剑"；甘宁"少有气力，好游侠"。后世的《三国演义》与《水浒传》，虽看起来一个在讲家国兴衰，一个在讲江湖快意，但二者内在的精神气质颇为相似。

进入魏晋南北朝时期，秦汉之际这种急公好义、倾家助困、交游广泛、从之者众的游侠近乎消失。一是因为经过汉朝四百年大一统帝国的洗礼，皇权的正当性和儒家"亲亲尊尊"的思想深入人心，对豪侠的评判标准已经发生变化；二是魏晋以后中国社会结构发生巨大变化，两汉豪侠赖以存在的基础已经消失。

秦汉以后，在大一统普遍性王朝中，天下只能有一个正当性秩序来源，就是皇权，它就是最大的"公"，此外都是"私"。个体的"私"若能服从皇权，那就是良顺平民；若不服从就是"结党营私"，危害皇权秩序，于是游侠失去了政治上的正当性。对儒士来说，游侠遵循的社会规则和儒家伦理相违背。东汉荀悦曾言："饰华废实，竞趋时利。简父兄之尊而崇宾客之礼，薄骨肉之恩而笃朋友之爱；忘修身之道而求众人之誉，……于是流俗成而正道坏矣。"（《汉纪·孝武皇帝纪一》）游侠的社会规则强调超越血缘关系的"信义友爱"，这打破了儒家以自我血缘关系建立起来的同心圆式的社会关系。儒家以亲亲收族，形成基本的社会共同体单位；游侠以信义聚人，组成超血缘乃至超地缘的组织。在这种基础理念冲突的情况下，处于思想主导地位的儒家自然严格批判游侠，使其失去社会层面的正当性。在双重打击下，游侠自然不再成为人们认可的典范。

　　游侠在中古消失的外在因素是豪族崛起，国家直接掌握的编户齐民数量下降。秦汉皇权的社会基础是商鞅体制制造出来的编户齐民。国家用军功封爵、乡饮酒礼等途径直接控制编户齐民，但毕竟秦汉帝国的统治技术尚显粗糙，在基层为游侠聚众提供了机会。汉武帝后，编户齐民大量破产，地方豪族崛起吸纳农民依附。豪族跨越血缘吸纳依附农，与游侠散财助困聚众有一个根本差别，就是豪族首先是一个经济共同体，大庄园是经济生产单位，游侠聚众则首先是伦理情义原则。在乱世之中像郭解、朱家散尽家财帮助别人而获得众人追随的情况显然很难在经济层面上循环下去。另一方面，东汉末年的豪族中也有很多游侠的要素，董卓、袁绍这些人能够形成比较大的地方势力，也和他们少好游侠关系密切。实际上，豪族吸纳农民依附更多是靠经济庇护，但乱世之中若想发挥出豪族自身的力量，成就地方秩序乃至参与逐鹿中原，豪族领袖就必须有特别的个人魅力让手下人愿意舍身相随，显然游侠气质是这种魅力的来源。

"游侠"再度兴起要到社会结构再度平民化的宋明时期。

进入两宋，经济发达，特别是城市进入快速发展时期。在城市格局上，东京开封和临安都打破了隋唐时期严格的里坊制度，城市空间更加自由，随街就市，甚至出现了不受时间约束的夜市、草市。《东京梦华录》有云："夜市直至三更尽，才五更又复开张。如要闹去处，通晓不绝。"与之相应，城市商业服务业高度发达，南宋临安"自大内和宁门外，新路南北，早间珠玉珍异及花果、时新、海鲜、野味、奇器，天下所无者，悉集于此。以至朝天门、清河坊、中瓦前、灞头、官巷口、棚心、众安桥，食物店铺，人烟浩穰。……候潮门外殿司教场，夏月亦有绝伎作场。其他街市如此空隙地段，多有作场之人"（《都城纪胜》）。我们熟悉的勾栏、瓦肆，都是新兴城市平民阶层的娱乐之所。

如此繁荣的城市生活必然吸引着大量人口涌入。与之相应，宋朝在政治政策上优待士大夫，土地政策上相对自由，"不抑兼并"。于是失地农民增多，一部分农民被租佃制重新吸收，回到农村；另一部分则流入城市，或成为城市商业服务业的基层劳动力，或纯粹游离于官府控制之外，从事各类灰色职业，成为城市游民。所谓"京师沟渠极深广，亡命多匿其中，自名为'无忧洞'"（《老学庵笔记》）；"今京师浮民数逾百万，游手不可胜度"（《论十事》）；"盖缘京师承平之久，无知之民，游手浮浪最多，平居除旅店外，皆在火房、浴堂、柜房杂居，里巷强梁"（《三朝北盟会编》）。

宋代京城的另外一支游荡不定的力量就是禁军。宋代行募兵制，高薪养兵，防止武人作乱，在军事部署上又强干弱枝，使禁军主力集中在京城，他们也就成为城市生活消费的一支重要力量。赵匡胤总结五代募兵制度长短，将军人职业化，每当灾年，破产农民涌入京城，政府就招募他们进入军队，实际上是把募兵作为一种社会救济机制。于是破产游民越来越集中于禁军，军人在社会中的地位也就逐渐下降，无法与士大夫抗衡。禁军集中在京城，京城消费又高，往往导致禁军二度破产，"而为军士者，顾乃未尝得一温饱。甚者采薪织屦，掇拾粪壤，以度朝夕"（《晦庵集》）。无法生活下去，军人就凭借军营技术亡命江湖，"京东恶盗，多出逃军"（《东坡七集》），"体量得逐处贼盗多是逃军"（《范文正公年谱补遗》）。这些历史记忆在说书人口中汇聚成传奇，最终成为《水浒传》的蓝本。

元代中断了两宋的城市繁荣，明初的洪武体制也极端仇视城市游民。直到明代中晚期，江南城市和市镇再次发达，破产农民或涌入城市充当雇工，或深入山林采矿烧炭。这些人都游离于国家秩序之外，根据需要自我组织起来。与此同时，明朝边患加剧，所谓"南倭北虏"，倭寇在东南沿海过度猖獗，蒙古鞑靼侵扰北边，民众苦不堪言。戚继光用募兵制打造戚家军，重新设计阵法、战法，为晚明各路明军所学。明清鼎革，一批军人亡入民间，也把武力带入江湖。

于是江湖游侠回到了韩非的本意："侠以武犯禁。"军营战场技术在江湖之中演化成为各类武术，进而成为我们熟知的各路武术拳种，大部分都能从戚继光的《拳经捷要篇》和"鸳鸯阵"法中找到影子。《拳经捷要篇》记载的三十二式招式至今仍在太极拳中有留存，形意拳、八卦掌、太极拳的拳理、发力、走位明显继承自鸳鸯阵中的长枪兵、单刀兵和藤牌兵的战场技术。这些要素在清代经过大运河沿线漕运帮会、南方反清复明的结社和北方秘密教门的发酵，在晚清乱局中浮现出来，经过现代武侠作家的二次创作，塑造了我们对"江湖"和"武侠"的基本认知。

二、流民

流民，就是破产之后不在国家编户齐民制度中、四处迁徙的无业游民。他们一般是破产农民，是被迫脱离王朝秩序的群体。商鞅的体制，意在国家能够直接控制每一个人，最大限度地汲取民力，同时也让所有人都进入国家秩序之中。这个体制如果能稳定地运行下去，显然不会有人成为流民，但规模较小的农户很难抵御天灾人祸。

中国历史上一共有过五次大规模流民问题，深刻影响了全国性政局。

西汉流民问题从武帝时开始，一直持续到新莽时期。凭借汉初七十余年休养生息的成果，汉武帝积极有为，连年征战。但由于赋税徭役征发过重，又赶上黄河数百年不遇的泛滥，关东地区农民破产严重。元狩四年（前119年），山东大水，流民七十余万；元鼎六年（前111年），山东河灾，饥民流亡江淮间就食；元封四年（前107年），关东流民二百万。昭、宣之时朝廷采用入籍新地、移民实边、修筑城池等方式安置流民，使问题有所缓和。汉元帝停止迁移山东豪强入关，令地方豪族大大发展，土地兼并严重，农户纷纷破产，又出现数以十万计的流民。这种社会衰退浪潮一直持续到新莽时期，地皇三年（22年），一次性流入关中的关东流民就达数十万人。如此一来，社会自然不稳定。破产农民除了依附豪族，还转为流民。流民的主要生存方式就是集体盲流吃大户，破坏社会秩序；一旦他们组织起来，就是民变、起义。新莽时泰山一带有赤眉军起事，波及青、徐、兖等州，这些都是关东富庶之地；江汉平原的荆州则有绿林军，分兵之后遍及大半个中国，会师之后共举更始帝刘玄，攻入长安，灭亡新莽。这是大一统王朝第一次流民更迭政权，以至于后世用"绿林"专门代指江湖盗匪。

东汉豪族力量强大,土地兼并严重,流民问题也更加突出。明帝时就出现"田荒不耕,游食者众"(《后汉书·显宗孝明帝纪》)的现象。从安帝到桓帝四十年间,地震、河患、蝗灾、瘟疫,这些自然灾害反复蹂躏河洛、山东地区,致使流民四起。"今察洛阳,资末业者什于农夫,虚伪游手什于末业。……天下百郡千县,市邑万数,类皆如此。"(《潜夫论》)正因生计如此困难,才有了太平道的符水治病、五斗米道的缴米互助。民间道教在这时候承担起了国家应担负的社会组织和社会救济责任。早期道教组织中的首领以将军、祭酒相称,正是模仿汉朝官制。流民一旦获得组织力,战争就无法避免,黄巾军起义就席卷了全国。灵帝时司徒杨赐认为,对付太平道不能操之过急,"且欲切敕刺史、二千石,简别流人,各护归本郡,以孤弱其党,然后诛其渠帅,可不劳而定"(《后汉书·杨震列传》)。他深知太平道的力量就是流民,流民安定,太平道的势力自然平定。

西晋末年的流民也是天灾人祸的牺牲品。八王之乱中,关中地区连年受旱,百姓饥荒,六郡汉、氐、羌等民众十余万人经汉川流入巴蜀地区就食,当地官府逼迫他们返乡,激起民变。略阳巴氐人李特、李雄领导秦州、雍州六郡流民在益州起义,最终建立割据蜀地的成汉政权。匈奴人刘渊起兵后,并州刺史司马腾调任督司冀二州诸军事,移镇邺城。时并州饥荒,司马腾带领部众一万多人来到邺城，领取粮食救济，自称"乞活"。这支流民军成为西晋在北方平叛和抵抗胡人的重要力量。永嘉之乱，衣冠大族尚能仓皇南渡，中原农民只能加入流民军，在江淮之间结坞自保，从而形成众多流民聚居的坞堡。东晋初时祖逖北伐，只带了百余家部曲渡江北上，军队中的其余人均为在北方招募的流民。这支军队连战连捷，令石勒惧怕。后来南下流民军大多聚集京口，成为北府兵的基础。

唐末王仙芝、黄巢起义，其主体同样是流民。黄巢领导的农民军充分发挥了流民特性，很少占地割据，从江淮一路打到广州，又从广州北上，攻克长安。这种大范围流动实属少见，黄巢成为"流寇"的代表。明末李自成的命运和黄巢几乎一样，领导的农民军也以流民为主，流动大半个中国后北上直取北京，却又仓皇退出，最后在流动中失败。

流民本是迁徙就食的破产农民，但凡有饭吃、有地种就不会走上暴力抗争的道路。若想组织成军，除了环境持续恶劣，还需要有人出头组织，这种人往往是乱世游侠。只有他们才能聚集起超越温饱需求、在情感上服从的人群，出现组织权威。抛去宗教成分，张角治病救世、赈济百姓，本就是豪侠之举。黄巢出身盐枭，李自成的舅舅老闯王高迎祥常年在边塞贩马，这些都是商业灰色地带，他们也算是江湖中人，熟悉国家管控之外的社会组织方法，因此能成为流民军领袖。

流民军成也流动，败也流动。古代农民破产为流民，首要需求就是吃饭，一旦稳定下来，分得土地，能够耕种，就不再流动。所以流民军若要长期成军，保持战斗力，就要不断流动破坏，裹挟家破人亡、丧失土地收成的农民进入队伍。然而长期流动无法形成有效的区域治理，也就不能建立稳定的政权。所以大部分流民军虽能一时攻破京师，但往往难以持久。不过朱元璋是一个例外。朱元璋在元末农民战争中，领导的军队一大部分也是破产农民，但他看准南京周围地区的地理形势和物产，攻占后长期经营，形成稳固的根据地，以此为基础征伐全国，在元末一众农民军中脱颖而出，终于建立了全国政权。

可见流民只是农民脱离国家秩序的一种变态，一旦有人能提供稳定的秩序，农民就会主动服从，继续种地。所以除了一些有豪侠性格的人，大部分中国古代平民的"政治"意识很淡漠，但这也反过来造就了他们超高的经济生产效率。

三、会教

陶成章在《教会源流考》中写道："南方之人智而巧，稍（少）迷信而多政治思想；北方之人直而愚，尚武力而多神权迷信。何以知之？曰：凡山东、山西、河南一带，无不尊信《封神》之传,凡江、浙、闽、广一带,无不崇拜《水浒》之书。故白莲之教盛于北,而洪门之会遍于南。"

陶氏论述略显武断,原因解释也比较感性,却大致描绘出了中国明清以来江湖秘密社会的轮廓:北方秘密社会组织多秘密教门,而南方秘密社会组织多会社、会党。据统计,民国时期全国流传比较广的30个会道门,创立自13个省市,其中山东(8个)、河北(4个)、北京(3个)、河南(2个)等北方省市就达17个,占总数的一半以上。与之相应,清代天地会活动聚集在福建、广东、浙江等南方地区的省份。

南北江湖秘密社会组织的形式何以大相径庭?

这首先取决于秘密社会组织能够汲取的所在地方的社会资源。在南方地区,会党的基础是异姓结拜以及忠义思想,这种拟宗族组织与南方地区高度发达的宗族组织和市民通俗文化有着密切的关系。清初南方地区的流民、移民、游民在原有血缘组织关系断绝、跨地域流动的背景下,选择重建自己的社会关系网络的方式仍然是以亲属关系为基础,通过结拜重新建立拟血缘组织。

与之相比,北方的民间宗教则深植于乡土社会内。秘密教门的信仰仪式基础,本就是民间的日常祭祀庆典,然后教主杂糅佛教、道教规制礼仪,并依靠神佛故事、符咒禁忌,组织起秘密教门在民间传播。其传播路径也多遵循血缘关系、姻亲关系、主仆关系等。这就造成了与南方秘密会社完全不同的组织效果:会社、会党乃是通过拟宗族的方式将跨地域的陌生人组织在一起，秘密教门则是通过民间宗教将血缘和地缘的聚居团体组织在一起。

南方、北方的跨地域社会组织路径为何如此不同？南方、北方社会的宗族差异是最基础的因素。

朱熹制定《家礼》后，此书随即流传开来。南方地区山高林密，人们需要聚族而居共同开发资源，《家礼》给基于血缘的共同体提供了一整套组织指导。明朝建立后，明太祖将《家礼》之部分仪程纳入《大明集礼》，使得朱熹个人定制的《家礼》上升到官方礼书的地位。明成祖更将《家礼》全书直接颁行天下。在官方的大力推动之下，民间也及时跟进。明代江南刻书业发达，书商出版各种注释本、节选本、改编本，强调实操，《家礼》为普通民众接受。现实资源开发和争夺的需要，与国家的鼓励一起，让南方地区在明清时期形成了诸多围绕祠堂、族田、家族祭祀组织起来的宗族共同体，宗族共同体内个体的血缘、地缘、业缘高度统一。文教昌盛、经济发达和械斗不断是宗族共同体的一体三面。

相比于南方地区而言，北方地区的宗族聚居规模小、祠堂数量少、族田与族产少、宗族活动少、势力范围小。北方地区以自耕农居多，都是小土地经营，而且单产低，难以出现公共性聚财现象。以公共财产为基础的各项宗族组织和活动自然难以成长起来，最终导致宗族规模小，影响范围小。这带来的后果就是北方村落大多是多姓混居，单一宗族不能如同南方地区那样担负起地缘整合的功能。北方地区宗族的地域影响力往往不出一个村，也就无法像南方地区宗族那样在村内、乡内乃至县域内达成整合地缘社会的效果。

考察南方秘密会社的组织形式，无论是早期的天地会，还是后起的哥老会、三合会、南洋华人会党，其组织的基本原则是兄弟结拜，用拟血缘的方式建立起人身联系，将血缘义务寄托于结拜的兄弟关系上，形成紧密的情感联系，从而形成社会自组织。三合会"三十六誓"第一誓就是"自入洪门之后，尔父母即是我父母，尔兄弟姊妹即是我兄弟姊妹，尔妻是我嫂，尔子侄即是我子侄。如不遵此例，不念此情，即为背誓，五雷诛灭"。

相比而言，北方的地域社会整合主要依靠以村庙为中心的民间信仰和民间宗教体系，它包括两套并行的机制：一是以宗祠、坟地为活动中心的血缘性宗族活动；二是以村庙为中心的地缘性宗教活动。村庙的祭祀增强了村落社会内村民的统一性和关联性。

北方村庙的特点是多神合祭和儒、释、道并举。北方村庙供奉的神主种类丰富，既有自成一庙的，也有混杂合祭的。常见的寺庙主要有：五道庙、老母庙、关帝庙、真武庙、三官庙、奶奶庙、玉皇庙、龙王庙、药王庙、马王庙。其中既有规范社会秩序的（真武庙、三官庙、玉皇庙），也有保护家庭秩序的（老母庙、奶奶庙、药王庙），还有控制生产秩序的（龙王庙、马王庙、虫王庙）。

村庙在祭祀期间都会成为村民公共活动的场所。基于儒、释、道三教神灵的各类节日祭祀是村民重要的公共生活，常见的有：释迦牟尼主管惩恶扬善，诞辰是四月初八；观音主管救苦救难，诞辰是二月十九日；财神主管发财，对其的祭祀在九月十七日；龙王主管祈雨，诞辰是六月十三日；关羽因其忠义被当作模范，祭日是六月廿四日；青苗神、虫王、土地神负责作物生长、虫害治理、村内治安；二郎神负责打跑怪物；药王负责保佑村民身体健康。这些村庙和民间信仰满足了北方农民在日常生活中的各类宗教和精神需求：保障生产、社会秩序及家庭稳定。

在北方村落中，村内规模最大、祭祀神明最全的庙往往就是全村的社庙。社庙最独特的功能就是让村民举行春祈秋报，同时它还是村庄政治组织——"社""香会"的载体。北方地区的基层里社组织和社神祭祀的开端大多可以追溯至明初，但到了清末民初，原本国家规定的基层政治组织已经演变成为乡村的自治组织。由于社庙要经常举办各类祭祀仪式活动，故而村内实力人物为筹划资金而成立"善会"、"上供会"或"香会"，进而掌握全村公共财产并负责公共活动，这些实力人物就被称为"香头"或"会首"。

北方村落的"会"发展到清末、民国，类型越来越丰富，并全面承担起村落、跨村乃至跨乡的公共活动。比如"庙会"，除了传统祭祀、娱神之外，承担了越来越多地方市场交易的职能，河北沧州吴桥县城西关的白衣庙会长达一个半月，山西沁水的大庙会不仅吸引着临近各县的人，甚至吸引河南、陕西和山东的商人前来参与。再比如河北邢台地区数县的龙王庙祭祀体系相伴产生的跨村的"闸会"组织，闸会负责天神会内水资源分配、维护本会与他会的水利资源边界，而闸会的组织维护和公共聚集方式是在龙王庙的祭祀活动。最为普遍的情况，是与村庙活动密切相关的香会变为村内"自发的自治组织"村公会，诸会首就成为掌管村庄权力的领导人，村民于其中选举村长。成为会首需要宗族势力、经济能力、文化程度的支持，而会首中比较有权势的人往往"掌握庙中账簿并能将庙的费用摊给人"。清末民国时期，国家权力下渗，村公会、会首以及村长被逐渐保甲化，成为政府基层机构。

因而，北方地区底层的控制权实际上就落在了那些大大小小的会首、香头的手中，他们或者是基层士绅，或者是有家财的地主商人，抑或是致仕归家的官僚。他们日常就浸淫在民间信仰的氛围中，是诸种信仰仪式的组织者和参与者。民间信仰和民间宗教也是他们的知识体系乃至世界观的一部分，这种世界观最为集中的文学表达就是长盛不衰的《西游记》和《封神演义》。

在这种土壤中诞生出义和团也就十分自然。拳民请"神"附体以求刀枪不入，而他们最喜欢请的就是小说人物：《三国演义》里的刘备、关羽、张飞、赵云，《西游记》里的孙悟空、猪八戒、沙悟净，《封神演义》中的哪吒、杨二郎，等等。广为流传的杨家将、薛平贵也是常出现的人物。这些人物的共同特点就是和北方地区村庙的神仙体系高度重合，他们经过日常通俗文学、戏剧加工而深入人心，在小说中基本上是"正统"形象。义和拳民几乎从来不请《三国演义》中的曹操的人马附体，原因就是朴素的"邪不压正"的观念。

清末海外留学群体组建民族主义会党，开始反清革命，华兴、兴中、光复三会分别来自两湖、两广、江浙，几乎完全由南方学子组成。为了联络南洋华人会党，坚定"民族革命"信念，他们把自己的历史上溯到天地会的反清复明，主动书写会党历史。陶成章在《教会源流考》中就认为，洪门起自郑成功抗清，"何为洪门？因明太祖年号洪武，故取以为名。指天为父，指地为母，故又名天地会。始倡者为郑成功，继述而修整之者，则陈近南也"。孙中山在《建国方略》中也写道："洪门者，创设于明朝遗老，起于康熙时代。……二三遗老见大势已去，无可挽回，乃欲以民族主义之根苗流传后代，故以'反清复明'之宗旨结为团体，以待后有起者，可借为资助也。此殆洪门创设之本意也。"兴中会组织的乙未广州起义，主体力量就是在香港招募的三合会成员。1901年广东洪门欲起义，也主动联系孙中山，允诺"待夺得省城时，即迎中山先生返粤，一切宗旨与兴中会相同"。1904年1月,为了在华侨中打开革命局面,孙中山加入檀香山洪门致公堂,获封"洪棍",借此获得海外洪门的直接支持。

中国历史上的传奇人物,大部分出现在政治混乱、社会失序的时候。若他们能起事成功,史书大多就会记载他们英明神武、一呼百应,却不大会承认他们多带有江湖豪气。刘邦"喜施,意豁如也,常有大度";董卓、袁绍、刘备,少好游侠;赵匡胤微时也曾"漫游无所遇";朱元璋更是流民起家。逮至晚清,太平天国、义和团、辛亥革命,在这些运动中都能看到江湖社会的影子。如果说一部二十四史,帝王将相、仁义道德是中国历史的面子,那么江湖就是中国历史的里子。它处于皇权控制之外、社会秩序的边缘,是失意者、失败者、作奸犯科者的空间。江湖中人逃离皇权控制,进而自我组织起来,是中华文明社会自觉的黑暗尝试。但反过来讲,江湖中人能够借用的组织技术、思想资源,也都是庙堂士林的产物。不理解江湖,无以理解中国历史的全貌。

参考文献

陶成章. 教会源流考 [M]. 广州:国立中山大学语言历史学研究所, 1928.

秦宝琦，谭松林.中国秘密社会：第一卷[M].福州：福建人民出版社，2002.

王学泰.游民文化与中国社会[M].增修版.太原：山西人民出版社，2014.

杜赞奇.文化、权力与国家：1900—1942年的北方农村[M].王福明，译.南京：江苏人民出版社，2010.

平山周.中国秘密社会史[M].修订本.北京：商务印书馆，2017.

延伸阅读

欧大年.中国民间宗教教派研究[M].刘心勇，严耀中，邢丙彦，等译.上海：上海古籍出版社，1993.

马西沙，韩秉方.中国民间宗教史[M].上海：上海人民出版社，1992.

汪涌豪.中国游侠史论[M].上海：上海人民出版社，2016.

自　叙

　　这本小书的目标读者是具有高中以上知识水平的中国历史爱好者，大学人文社科专业学生亦可将此书用于入门。为了照顾大众阅读习惯，这本小书并没有按照严格的学术格式标明参考书目，意在减少烦琐的行文间注释，避免分散读者的注意力。对一般读者而言，了解本书讲述的内容是阅读的主要目的；对那些有志于史学专业学习的读者来说，本书涉及的观点和分析均能在日后的史学基础文献中找到。当然，本书每章结尾还是罗列了关键的参考文献和延伸阅读作为阅读指引，有兴趣和时间的读者可以按图索骥，接触更为经典的中国历史研究。

　　无论是历史研究本身，还是历史知识，都属于实践性知识而不是文字性知识，死记硬背大可不必。司马迁有言，他的《史记》是要"究天人之际，通古今之变，成一家之言"。赋予历史事实以意义解读是一件很主观的事，它需要史学之外大量知识的支持。但是探究历史事实，厘清时间脉络，却是一件实实在在的笨功夫。"笨"是一种态度，要回归历史事实本身，关键还是要"通"，要在历史中知人识事，这就要依靠日常积累的人生经验。文字性知识永远只是抽象的道理，历史并不抽象。

建立认知历史的框架是阅读历史、学习历史极其重要的一环，《枢纽：3000年的中国》便在尝试这一工作，力图把中国3000年的历史凝聚为中华民族精神的黑格尔式精神现象学运动。同时，《枢纽：3000年的中国》想要超越黑格尔历史哲学中那种本质性的"民族"概念，强调对中国历史而言，并不存在作为单一实体的中华民族及其精神。中国历史是东亚大陆各个地理亚区域和生活在其中的人群多元互构、共生演化而成的体系史；中国的未来也将是超越东亚，与世界各文明、族群深度互动的未来。

这本小书则是把《枢纽：3000年的中国》叙述中所涉及的诸历史社会学要素抽离，重新排列组合，意在说明中国历史中这些历史社会学要素自身的运行机制。这种重新的排列组合并不具有统一的解释框架，只是按照某种文体方式排列组合，这种文体可以在《吕氏春秋》《淮南子》《史记》中看到，也能在《太平御览》、《册府元龟》、"三通"这些类书、政书中找到影子。

这种框架也是古代中国人认知世界的方式。

中华文明历史最显著的特点就是长时间的大一统政权，精神权威、政治权威长期统一为至高的皇权，几乎所有历史都能和皇权争夺和王朝更迭搭上关系。皇权诞生于政治自觉，包含伦理规范性的王道和理性治理的霸道，所以写作"王霸第一"。

古代社会的政治学基本原理是权威来自神圣性秩序，皇权概莫能外。中国皇权的神圣性来源非常多元，从上古诸夏的祭祀信仰，到儒家"亲亲尊尊"的社会规范，再到佛道的宗教加持。用"科学"的视角探究历史往往容易将神圣性视为虚妄，以致无法深入古人内心，所以写作"庙堂第二"。

中国在秦始皇统一后就进入漫长的大一统王朝时期，尽管分分合合，但基本的治理体制没有变。废弃宗法与封建制后，大一统国家面对超大空间规模的治理选择了科层官僚体制，而出任官僚体制的群体就是儒家士大夫。他们既规范着皇权，又教化着百姓，是在制度之外理解传统中国治理的钥匙，所以写作"士林第三"。

中国作为普遍性大一统国家，并非孤立于东亚大陆，而是东亚大陆各个地理区块和生活在其中的人民多元互构的结果。在我们熟知的中原之外，尚有草原、西域、关外、海洋等区块，它们为中国历史的进展贡献了各自要素，所以写作"方域第四"。

秩序的起点是暴力，皇权在正当性上需要神圣秩序认可，同时也要在武功上保证一定区域范围内的秩序稳定。然而大一统王朝过早卸去了个人身上的武力义务，使得中原农民事实上进入一种非政治化的状态，邻近中原的塞外民族也采取不同的策略和中原共处，形成了各种征服王朝，所以写作"兵戎第五"。

皇权的正当性和秩序维持还需要物质基础。农耕社会，土地制度是国家控制经济命脉的关键；与之搭配，税制是国家汲取资源的手段；而沟通经济的则是货币。中国农民在一开始肩负着各类具体的国家义务，随着货币的发达，这些人身义务逐渐货币化，让农民能够摆脱国家的人身依附控制，走向带有现代意味的"自由"，所以写作"食货第六"。

中国历史，除了"明"的运转，也有"暗"的运转。以皇权为代表的国家体制是面子；脱离这套体制，游走在秩序边缘，又能自我生存的人群和社会体系是里子。游侠、流民构成了秩序外人群的主要部分，明清以降，他们以教门和秘密结社的方式呈现出来，既深度参与了中国近代历史进程，又为后世文学、艺术提供了大量素材，所以写作"江湖第七"。

本书不求全面，但愿能提纲挈领，为读者提供进入中国历史的线索。回到历史本身，才能认识我们自己。